부(富)럽(LOVE)

부(富)럽(넙)

돈의 감정을 읽고 즉시 실행하는 부자의 루틴

초 판 1쇄 2026년 01월 19일

지은이 정민석
펴낸이 류종렬

펴낸곳 미다스북스
본부장 임종익
편집장 이다경, 김가영
디자인 임인영, 윤가희, 윤영빈
책임진행 이예나, 안채원, 김은진, 국소리, 송가희, 이지영

등록 2001년 3월 21일 제2001-000040호
주소 서울시 마포구 양화로 133 서교타워 711호, 808호
전화 02) 322-7802~3
팩스 02) 6007-1845
블로그 http://blog.naver.com/midasbooks
전자주소 midasbooks@hanmail.net
페이스북 https://www.facebook.com/midasbooks425
인스타그램 https://www.instagram.com/midasbooks

© 정민석, 미다스북스 2026, *Printed in Korea*.

ISBN 979-11-7355-659-3 03320

값 18,000원

돈의 감정을 읽고 즉시 실행하는 부자의 루틴

부 (富)
럽 (LOVE)

정민석 지음

미다스북스

_____ 님에게 바치는 책

1부
돈은 숫자가 아니라 감정이다

1장
돈 앞에서 흔들리는 이유

2장
구조가 감정을 이긴다

3장
지출에도 품격이 있다

4장
저축보다 소비 통제가 10배 빠르다

2부

부는 노력보다 구조로 흐른다

5장
부자는 뉴스를 반대로 읽는다

6장
자본주의 시스템에서 적금의 한계

7장
행동을 돈으로 바꾸는 재무 루틴

3부

지금 움직이는 사람이 부를 갖는다

8장
월급 설계가 부의 시작이다

9장
10만 원으로 1억을 만드는 시스템

10장
지금 시작하는 당신이, 결국 이긴다

특별편

| 에필로그 |

돈은 숫자가 아니라, 감정이다

돈은 숫자가 아니라, 감정이다.

대한민국에서 평범하게 사는 게 왜 이렇게 어려울까? 누구보다 열심히 일하는데도 늘 빠듯하고, 통장을 볼 때마다 묘한 불안이 밀려온다.

"돈 이야기는 불편해요."
"제 인생은 늘 돈이 부족했어요."
"돈이 중요하다는 걸 알지만, 막상 마주하기가 두려워요."

나는 상담 현장에서 이런 말을 수없이 들어왔다. 그리고 그 과정에서 확실히 느꼈다. 사람들은 무능해서 흔들리는 게 아니다. 단지 '돈을 다루는 법'을 배우지 못했을 뿐이다. 학교에서도, 부모님도, 회사도, 그 누구도 우리에게 '돈'을 가르쳐주지 않았다. 그저 열심히 공부하고, 일하고, 성실히 살면 된다고 믿었다. 하지만 세상은 냉정했다.

"돈이 전부는 아니지만, 돈 없이는 아무것도 할 수 없다."

나는 어릴 때부터 돈이 '노력의 결과'라고 믿었고, 남들보다 조금 일찍 세상에 나섰다. 오토바이 배달, 서빙, 인력사무소, 물류센터 등 손에 잡히는 일이라면 가리지 않았다. 오히려 힘든 일을 찾아다녔다. 나중에 무슨 일을 하더라도 수월하지 않을까 하는 생각에서였다.

배달 일을 하면서 비 오는 날도, 눈 오는 날도, 오토바이를 몰았고 뛰었다. 한 번 배달을 나가면 두세 집 음식을 한꺼번에 들고 나가며 눈에 띄면 더 인정받을 것 같았고, 조금이라도 더 보상받을 수 있을 거라 믿었다. 하지만 세상은 생각만큼 단순하지 않았다. 무리하다 사고도 나고, 다치는 건 일상이었다. 몸은 늘 젖어 있었고, 손끝은 늘 트고 있었다. 그래도 그때는 그게 '살아 있다'는 증거였다. 젖은 손끝으로 지폐를 쥐며, 나는 세상과 맞서고 있다고 믿었다. 돈을 번다는 건 단순히 생계를 유지하는 게 아니라, 세상 속에서 '나도 존재한다'는 걸 확인하는 일이었다.

그 시절의 나는 몰랐다. 노력만으로는 지켜지지 않는 것이 바로 '돈'이라는 걸.

2016년, 나는 내 가게를 열었다. 주변 치킨집 중에는 유일하게 아침 일찍부터 새벽까지 하는 가게였다. 닭을 튀기고, 배달하고, 오전에 한가할 때는 주변 아파트 전단지 돌리기까지 직접 했다. 주변 초등학교 체육대회 날짜를 파악해 나름 전략적인 영업도 해 보았고, 발주량이 많아서 닭이 남는 주에는 복지원에 닭을 튀겨 가져다주기도 했다.

그렇게 조금씩 자리를 잡아가며 주변에 알려지고, 위생 매장으로 선정되어 민사고등학교에 주기적으로 단체 배달을 가기도 했다. 그렇게 바빠지자 부모님은 퇴근 후에 바로 가게로 오셨다. 하루 일을 마친 손으로 튀김가루를 섞고, 아버지는 함께 배달도 도우셨다. 그 모습이 감사하고 든든하기도 했지만, 한편으로는 마음이 무거웠다.

'이게 과연 맞는 걸까?' 나를 돕는 가족의 손길이 따뜻할수록, 그 따뜻함이 짐처럼 느껴졌다. 마감을 하며 하루 매출을 계산하고 '이 정도면 내 삶이 행복할까?' 자문했지만, 답은 나오지 않았다. 매일 일찍 나와 새벽까지 일하고, 평일도 주말도 없이 매일 기름 냄새에 절어 하루를 마감했지만 열심히 사는 것만으로는 채워지지 않는 무언가가 있었다.

그리고 결정적으로 가게 임대료는 비싼 편인데, 프랜차이즈 특성상 본사의 물건만을 사용해야 했고, 그 금액은 물가의 반영으로 올랐다. 열심히 일할수록 특정 구간을 넘기지 못하면 남는 게 없었고, 더 이상 이 구조 안에서는 답이 없겠다는 걸 깨달았다. 그 와중에 친구의 권유로 금융 공부를 시작했고, 자격증을 취득했다. 이제는 시간 속에 갇혀 사는 것이 아닌 스스로 하루를 설계하고, 고객들의 미래를 설계하는 일을 하고 있다.

그때부터 나는 돈을 다시 보기 시작했다. 통장 속 숫자가 아니라, 그 숫자에 담긴 마음을. 내가 왜 돈을 벌고, 어디에 쓰며, 무엇을 위해 남기려 하는지 그 질문을, 스스로에게 묻기 시작했다.

그리고 곧 알게 되었다. 그건 나만의 질문이 아니었다.

수많은 사람도 같은 물음 앞에 서 있었다. 상담을 하며 만난 그들의 말에는 눈물과 분노, 후회와 두려움이 뒤섞여 있었다. 그 이야기를 들으며 나는 확신했다.

'돈은 숫자가 아니라, 감정이다.'

가난했던 유년의 기억, 첫 월급날의 떨림, 투자 실패로 흘렸던 눈물, 가족을 지키기 위해 떠안은 대출, 아이에게 더 좋은 걸 해 주고 싶은 마음. 그 모든 감정이 '돈'이라는 이름 안에 들어 있었다.

그래서 나는 모두에게 이런 질문을 던지고 싶다.

"나는 돈 앞에서, 어떤 감정을 느끼는가."

이 질문에 답할 수 있는 사람이, 비로소 돈의 주인이 된다.

이 책은 단순한 재테크 가이드가 아니다. 돈을 대하는 태도, 감정의 구조, 그리고 자본주의 속에서 스스로를 지키는 현실적인 방법을 담았다. 돈을 어떻게 벌고, 어디에 쓰고, 어떻게 남길 것인가는 결국 그 사람의 사고방식과 감정 습관이 결정한다.

돈은 타고나는 게 아니라 '배우는 기술'이다. 그리고 그 기술의 출발점은 '자기 인식'이다.

당신도 한 번쯤은 이런 생각을 해 봤을 것이다.

"나는 왜 돈 앞에서 이렇게 불안할까?"
"열심히 사는데 왜 늘 빠듯할까?"
"다른 사람들은 어떻게 여유 있게 사는 걸까?"

이 책은 그 질문에 답하는 작은 지도다.

돈은 당신의 적이 아니다. 제대로 이해하면 든든한 동반자가 된다. 이제, 돈이 두렵지 않은 인생을 시작해 보자. 부자가 되는 길은 멀리 있지 않다. 당신이 돈과 사랑에 빠지는 그 순간, 이미 시작된 것이다. 돈을 두려워하지 않고, 돈을 사랑할 수 있을 때 비로소 당신의 삶이 '부럽(富LOVE)'게 바뀐다.

정프로 드림

(**0.5장**)

책을 200% 이해하기 위한 금융 단어 10선

이 책을 읽고 당신이 얻을 수 있는 것

0.5장 돈의 언어를 배우는 시간

돈을 이해하는 건 공식이 아니라 감각이다.

하지만 감각을 만들려면 '언어'부터 알아야 한다.

이 장은 그 언어를 익히는 시간이다.

만약 당신이 금융의 언어를 잘 알고 이해했다면 0.5장은 넘겨도 좋다.

| 1 |

금리
'돈의 무게' 그리고 '돈의 가치'를 보여 주는 잣대

"금리는 돈의 가치이다."

이 한마디로 모든 게 설명된다. 돈은 시간이 지나도 같은 가치를 유지하지 않는다. 오늘의 천만 원과 10년 전의 천만 원은 다르다. 금리는 돈의 '렌탈료'이자 '시간의 가격표'다. 내 돈을 빌려주면 그만큼의 가치(이자)를 받고, 남의 돈을 빌리면 그만큼의 대가(이자)를 치르는 구조다.

예금금리: 은행이 내 돈을 '빌려 쓰는 대가'

대출금리: 내가 은행 돈을 '빌려 쓰는 대가'

이 두 금리의 차이(예: 예금 2%, 대출 6%)가 바로 은행의 기본 수익 구조다.

금리가 오르면?

대출 부담 → 사람들의 집 구매욕 감소 → 부동산 거래 감소

예금 이자 상승 → 저축 매력 증가 → 소비 감소

돈의 가치 상승 → 자금 흐름 둔화

금리가 내리면?

대출이 싸진다 → 사람들이 돈을 빌려 집을 사거나 사업을 시작

예금 이자 낮아 저축 매력 ↓ → 소비 증가, 투자 증가

돈의 무게가 '가벼워진' 상태 → 돈이 빠르게 시장으로 흐름

그래서 나라는 경기가 나쁠 때 금리를 낮춰 돈을 풀고, 경기가 과열되면 금리를 올려 돈의 속도를 조절한다. 금리는 경제의 '브레이크'이자 '액셀'인 셈이다.

금리를 이해하는 사람은 '언제 빌리고, 언제 모아야 하는지'를 안다. 금리가 낮을 땐 자산을 사고, 금리가 높을 땐 빚을 줄인다. 금리를 모르는 사람은 감정대로 움직인다. "다들

집 산다니까 나도 사야지", "적금 이자가 너무 낮아서 그냥 써 버려야겠다."

　하지만 금리를 아는 사람은 다르게 생각한다. "지금 금리가 높으니 대출은 최소화하고, 예금으로 안정적으로 이자를 받자", "금리가 낮을 때 고정금리 대출을 받아 두면 나중에 유리하겠다."

　즉, 금리는 돈의 무게이자 가치의 척도다.

※ 핵심

금리가 높을수록 돈의 '가치'는 커진다.(돈을 빌리기 어려워짐)

금리가 낮을수록 돈의 무게가 가벼워져 '속도'는 빨라진다.(돈이 시장으로 풀림)

| 2 |

단리와 복리

'시간을 담보로 한 자본의 인내심'

은행에 돈을 맡기면 일정한 이자가 붙는다. 그런데 이자가 붙는 방식에는 두 가지가 있다. '단리'와 '복리'. 복리가 더 좋다는 것은 많은 사람이 아는 사실이다.

단리와 복리는 이자를 계산하는 방식의 차이이지만, 사실은 '돈이 일하는 방식의 철학'이 다르다. 단리는 '내가 일해야만 돈이 느는 구조'다. 100만 원을 맡기면 1년 뒤 5만 원의 이자를 받고, 그다음 해에도 여전히 원금 100만 원 기준으로 5만 원만 붙는다. 내가 움직이지 않으면, 돈도 멈춘다.

반면 복리는 '시간이 대신 일하는 구조'이다. 1년 뒤에는 105만 원이 되고, 그다음 해에는 그 105만 원에 다시 이자가 붙는다. 이자는 원금 위에 쌓이고, 그 위에 또 쌓이며 '돈이 스스로 커지는 구조'를 만든다.

단리: 원금에만 이자가 붙는 방식(예: 매년 100만 원 × 5% = 5만 원 고정)

복리: 원금 + 이자에 다시 이자가 붙는 방식(예: 1년 뒤 105만 원 × 5% = 5.25만 원)

처음엔 차이가 작아 보이지만, 시간이 길어질수록 복리는 눈덩이처럼 커진다. 복리의 세계에선 '시간'이 당신의 가장 든든한 동업자다. 당신이 쉬는 동안에도, 자본은 묵묵히 일한다. 그래서 복리를 이해하는 사람은 '빨리' 시작하려 하고, 복리를 모르는 사람은 '많이' 벌려 한다. 복리는 조용히 쌓인다. 눈에 띄지 않게, 그러나 확실하게. 그건 한 번의 행운이 아니라, 꾸준함과 인내의 결과다. 그래서 나는 복리를 이렇게 정의한다.

"복리는 시간을 담보로 한 자본의 인내심이다."

복리를 아는 사람은 시간을 아끼고, 단리를 사는 사람은 시간을 흘려보낸다. 부자는 '시간을 사는 사람', 가난한 사람은 '시간을 팔며 사는 사람'이다. '복리는 세상에서 가장 강력한 힘'이라 불린다.(아인슈타인도 "복리는 8번째 세계의 불가사의"라 말했다.)

※ 핵심

단리는 '수고의 구조', 복리는 '시간의 구조'이다.

단리는 내가 일해야 늘지만, 복리는 잠잘 때도 돈이 일한다. 복리를 제대로 이해한 사람은 시간을 돈보다 중요하게 쓴다.

정프로의 한마디

단리는 내가 일해 버는 돈, 복리는 시간이 대신 일하는 구조입니다. 당신이 '얼마를 벌었느냐'보다 중요한 건, '당신의 돈이 지금 일하고 있느냐'입니다.

인플레이션

조용히 녹아내리는 돈의 가치

인플레이션은 경제 용어 같지만, 사실 '당신의 삶 속에서 매일 일어나는 일'이다. 쉽게 말해 돈의 가치가 서서히 녹아 내리는 현상이다. 은행에 돈을 그대로 두면 숫자는 그대로인 데, 그 돈으로 살 수 있는 '실질적인 가치'는 줄어든다.

10년 전, 치킨 한 마리의 가격은 1만 4천 원이었다. 지금은 같은 치킨이 2만 원을 넘는다. 가격이 오른 게 아니라, 돈의 가치가 내려간 것이다. 우리는 '물가가 오르는구나'라고 말 하지만, 사실 그건 '돈이 약해지고 있다'는 뜻이다. 이게 바로 인플레이션의 본질이다.

가장 무서운 건, 인플레이션이 소리 없이 당신의 자산을 갉아먹는다는 것이다. 통장에 가만히 둔 돈은 사실상 '감가상 각'되고 있다. 아무것도 안 해도, 점점 가난해지는 구조다.

그래서 부자들은 돈을 '가만히' 두지 않는다. 예금만 하지 않고, 부동산·주식·금 같은 자산에 분산해서 인플레이션을 이긴다. 물가가 오르면 자산 가격도 함께 오르기 때문이다.

반대로 인플레이션을 모르는 사람은 "은행에 넣어 두면 안 전하니까"라며 예금만 한다. 10년 뒤 통장 잔고는 그대로인 데, 그 돈으로 살 수 있는 건 70%로 줄어든다. 숫자는 안전했 지만, 가치는 녹아내린 것이다.

※ 핵심

인플레이션 = '물가 상승' = '돈의 가치 하락'

물가가 오르는 게 아니라, 당신의 돈이 녹고 있는 것이다. 인플레이션을 이기려면 돈을 '움직여야' 한다.

정프로의 한마디

인플레이션은 조용히 당신의 주머니에서 돈을 빼가는 도둑입니다. 더 무서운 건, 마트에 가서 '너무 비싸다'고 투덜거리면서도 필요하면 지갑을 열 수밖에 없는 현실이죠. 그래서 인플레이션은 단순한 숫자가 아니라, 우리 삶의 '불가피한 현실'로 다가옵니다.

| 4 |

환율
나라의 돈 가치를 정하는 체중계

환율은 나라의 '돈 가치'를 정하는 체중계다.

쉽게 말해, 우리나라 돈(원)과 다른 나라 돈(달러·엔화 등)을 바꾸는 비율이다.

예를 들어, 1달러 = 1,400원이라면 달러 1장을 사려면 1,400원이 필요하다는 뜻이다. 그런데 이 환율이 오르면 우리 돈이 '가벼워졌다'는 의미다. 달러가 비싸졌다는 건, 그만큼 원화의 가치가 떨어졌다는 뜻이니까.

환율, 일상에서 어떻게 작동하는가. 많은 사람이 환율을 '해외여행 갈 때나 보는 숫자'로 생각한다. 하지만 환율은 당신이 마트에서 장을 볼 때도, 커피 한잔을 마실 때도, 주유소에 들를 때도 이미 당신의 지갑에 영향을 미치고 있다.

예시 1: 해외여행

1달러가 1,200원일 때 미국 여행 경비로 3,000달러를 환전하면 360만 원이 필요하다. 그런데 환율이 1,400원으로 올랐다면? 같은 3,000달러를 바꾸는 데 420만 원이 필요하다. 60만 원이나 더 드는 것이다. 같은 여행인데 환율 때문에 비용이 확 달라진다.

예시 2: 우리의 일상 물가

환율은 비단 해외 소비에만 영향을 미치는 게 아니다. 우리가 먹는 빵의 밀가루, 차에 넣는 기름, 아침에 마시는 커피 원두까지 대부분 수입품이다.

즉, 환율이 오르면 해외여행 경비만 오르는 게 아니라 장바구니 물가 전체가 오른다. 그래서 환율은 '우리 생활의 체감 물가'와 직결되어 있다. 환율은 세계의 신뢰와도 연관성이 있어 경제가 안정된 나라는 통화가 강하고, 불안한 나라는 통화가 약해진다.

대한민국 경제가 튼튼하면 원화 가치가 올라가고(환율 하락), 경제가 불안하면 원화 가치가 떨어진다(환율 상승).

그래서 국제 뉴스에서 '원·달러 환율 급등'이라는 말이 나오면, 이건 단순히 숫자가 오른 게 아니라 '세계가 한국 경제를 불안하게 보기 시작했다'는 신호이기도 하다.

※ 핵심

환율은 단순한 숫자 비교가 아니라 우리 생활의 체감 물가와 투자수익률을 함께 흔드는 중요한 지표다.

정프로의 한마디

"환율은 거창한 경제 지표가 아닙니다. 우리가 마트에서 장을 볼 때, 해외 직구할 때, 커피 한 잔을 마실 때도 이미 '환율'의 영향을 받고 있어요. 달러는 세계의 기준이고, 원화는 그 기준에 맞춰 체중을 재는 중입니다. 환율이 낮을 때 달러를 조금씩 모아 두는 건 투자가 아니라 '경제 방패'를 만드는 일입니다."

5

환차익과 환손실

환율의 파도에 올라타자

환율에 따른 숨은 수익과 손실, 같은 돈이라도 시점이 다르면 가치가 달라진다. 쉽게 말해, 같은 돈인데 언제, 어느 나라의 돈을 가지고 있었느냐에 따라 가치가 달라지는 현상이다.

환차익(환율 이익)

예를 들어 보자. 1달러가 1,200원일 때 1,000달러를 샀다. 1,000달러를 원화 120만 원을 주고 구매한 셈이다. 얼마 후 환율이 1,400원이 되었다면? 그 1,000달러를 다시 원화로 바꾸면 내 원화는 140만 원이 된다. 20만 원의 이익이 생기게 되는데 이것이 바로 '환차익'이다.

환손실(환율 손실)

반대로 비쌀 때 사서 쌀 때 팔면 손해가 난다. 그게 바로 '환손실'이다. 즉, 환율의 방향에 따라 내 돈의 가치가 달라진다는 것이다. 환율의 오르내림은 단순한 숫자 변화가 아니라 각 나라 돈의 체급 이동이다. 원화가 약해지면 달러가 강해지고, 달러가 강해지면 원화 자산의 가치는 상대적으로 약해진다.

그래서 현명한 사람들은 달러를 '보유하는 자산'으로도 바라본다. 단순히 해외여행을 위한 환전의 의미가 아니라 자국 통화가 약해질 때를 대비한 '방패'가 되기도 하는 이유이다.

※ 핵심

투자에서는 '가격'보다 '환율'이 수익을 좌우하기도 한다. 그래서 해외 자산은 '환율 흐름'을 함께 봐야 한다.

정프로의 한마디

달러를 모으는 건 단순한 투자가 아닙니다. 우리나라의 물가가 오를 때, 환율까지 오르면 실제 체감 물가는 훨씬 커집니다. 그래서 저는 고객들에게 말하죠. "달러는 방패입니다. 위기를 막는 자산이지, 공격용이 아닙니다."

6

신용점수

당신의 '금융 자존감'을 수치로 보여 주는 거울

신용점수는 단순히 '대출을 잘 갚았는가'를 평가하는 숫자가 아니다. 이건 당신이 돈을 어떻게 다뤄왔는지, 그리고 얼마나 신뢰받을 만한 사람인지를 보여 주는 '금융 자존감의 수치'이다.

은행은 당신의 수입보다, '약속을 얼마나 꾸준히 지켜 왔는가'를 본다. 카드 대금을 제때 납부하고, 대출을 성실히 상환하며, 금융 약속을 지켜 온 모든 흔적이 모여 하나의 숫자로 표현되는 것이다.

그래서 신용점수가 높다는 건 돈이 많다는 뜻이 아니라, 사회가 당신에게 이렇게 말해 주는 것이다.

"당신은 믿을 만한 사람입니다."

이제 신용점수를 단순히 '대출 자격표'로 보지 말자. 이건 나의 재무 브랜드 가치, 나의 금융 자존감 지표다. 나는 그간의 내 '재무 성적표'라고도 표현한다.

신용점수를 깎아 먹는 행동 체크리스트

납부일을 놓친 카드 대금

여러 카드에 흩어진 소액 결제와 할부

불필요한 마이너스 통장 개설

단기 대출(현금서비스, 리볼빙 등) 잦은 이용

통신요금·세금 자동이체 미납

대출 상환일을 자주 바꾸거나 연체하는 습관

이런 사소한 행동 하나하나가 신용점수를 갉아먹는다. '돈을 얼마나 버느냐'보다 '어떻게 관리하느냐'가 신용의 핵심이다.

※ 핵심

신용점수는 돈의 점수가 아닌 신뢰의 점수이다. 꾸준함과 약속이 쌓인 결과물, 당신의 금융 자존감을 높여라.

정프로의 한마디

신용점수는 돈이 많다고 높아지는 게 아닙니다. '약속을 지킨 시간의 누적'이 쌓여서 만들어지는 신뢰의 점수예요. 돈은 잠시 잃어도 회복할 수 있지만, 신용은 한 번 잃으면 회복하는 데 시간이 오래 걸립니다. 내 집 마련처럼 인생의 큰 대출을 준비한다면, 지금부터 신용 관리가 필수입니다.

| 7 |

세금

내 지갑에서 조용히 빠져나가는 '보이지 않는 지출'

    세금은 금융지식이 없어도 어떤 것인지 모두 알고 있을 것이다. 하지만 신경 써서 관리를 하거나, 제대로 인식하지 못하고 있다.

    세금은 '내가 번 돈'과 '실제로 쓸 수 있는 돈' 사이의 차이를 만든다. 우리는 월급 명세서를 볼 때, '총액'이 아닌 '실수령액'으로 현실을 느낀다. 세금은 눈에 잘 띄지 않게 빠져나간다. 소득세, 지방세, 건강보험료, 연금, 부가가치세 등등. 심지어 커피 한잔, 택배 한 건에도 세금은 숨어 있다.

    그래서 세금은 '보이지 않는 지출'이다. 문제는 많은 사람이 세금을 단순히 '손해 보는 돈'으로 여긴다는 것이다. 하지만 세금은 피해야 할 대상이 아니라, 이해해야 할 구조다.

세금이란?

국가가 사회를 유지하고 공공서비스를 운영하기 위해 국민이 부담하는 '의무적인 지출'이다. 즉, 나라를 운영하는 공동의 생활비다.

세금을 이해하고 아는 사람의 특징

- 세금은 내 돈이 아니라, 잠시 맡겨 둔 돈으로 인식한다.
- 합법적인 절세는 불법 회피가 아니라 합리적 설계다.
- 돈이 어디서 빠져나가는지 구조를 이해하면 '통제력'이 생긴다.

※ 핵심

세금은 당신의 지출 중 가장 '조용한 항목'이다. 모르고 내는 돈이 가장 큰 손실일 수 있다. 세금 구조를 이해한다는 건 '흐름을 통제할 권리'를 되찾는 것이다.

정프로의 한마디

세금은 피해야 할 게 아니라 이해해야 할 구조입니다. 돈을 벌 때보다 쓸 때 더 새는 이유가 여기에 있죠. 저는 상담 때 항상 이렇게 말합니다. "세금을 모르는 사람은 돈을 흘리고, 세금을 아는 사람은 돈을 흐름으로 바꾼다." 이 둘의 차이는 평생의 자산 차이로 이어집니다.

| 8 |

자산과 부채

'부채를 다스리는 순간, 자산이 일하기 시작한다'

"돈이 많다고 부자는 아니다. 남는 돈이 있을 때 비로소 진짜 부자가 된다."

많은 사람이 통장에 돈이 많으면 부자라고 생각하지만, 진짜 중요한 건 '내 돈 중에 진짜 내 돈이 얼마인가'다. 그걸 구분하는 게 바로 자산과 부채다.

자산이란?

개인이나 법인이 현재 소유하고 있는 경제적 가치가 있는 유형/무형의 재산과 권리를 의미하며, '나를 위해 일하는 자원'이다.

예금: 잠시 쉬고 있는 돈

주식/ETF: 기업의 성장과 함께 크는 돈

부동산: 입지와 시간에 따라 오르는 돈

연금: 미래의 나를 지켜주는 돈

사업/지식: 평생의 수익원을 만드는 자산

이건 모두 나를 대신해 일하는 직원이다. 잘 관리하면, 당신은 '사장'이 된다.

부채란?

타인에게 갚아야 할 의무로, 대출금, 신용카드 대금 등 남의 돈을 써서 나중에 갚아야 할 돈이다. 부채는 시간이 지날수록 나를 더 힘들게 할 수도 있고, 때로는 나를 성장시킬 수도 있는 양날의 검이다.

일반적으로 부채는 '빚'이라 부정적으로 느껴지지만, 부자는 부채를 '지렛대'로 활용한다. 부자와 일반인의 생각 차이는 우리의 일상 언어에서도 알 수 있다. 일반인은 대출을 '받는다', 빚이 '생겼다', 은행에서 '빌렸다'라고 하는 반면 부자들은 부채를 '일으킨다'라는 표현을 많이 쓰게 된다. 많은 사람은 빚을 두려워한다. 하지만 진짜 위험한 건 '부채' 그 자체가 아니라 부채를 모르는 것이다.

부채에는 두 가지 얼굴이 있다.

좋은 부채(생산적 부채): 미래에 수익을 만들거나 가치가 커질 가능성이 있는 곳에 쓰인 돈
  예: 임대 수익형 부동산, 사업 확장, 자기계발 투자

나쁜 부채(소비성 부채): 지금의 욕구를 채우기 위해 쓰이고, 다시 돈을 만들어내지 못하는 돈
  예: 명품, 여행, 신용카드 할부, 즉흥적 소비

부채의 문제는 '존재'가 아니라 '방향'이다. 그 돈이 당신을 키우는가, 아니면 당신을 짓누르는가? 그 판단이 바로 재무 지능의 시작점이다. 부자는 부채를 지렛대 즉, '레버리지(Leverage)'라 부른다. 즉, 내 돈이 아닌 남의 돈으로 기회를 잡는 능력이다.

부자는 부채를 '이용'하지만, 가난한 사람은 부채에 '이용당한다.' 같은 금액의 대출이라도, 누구는 그 돈으로 이자를 벌고, 누구는 그 돈으로 이자를 낸다. 부채는 '방향의 문제'다.

정프로의 한마디

부채는 당신의 경제적 능력을 보여 주는 또 하나의 지표입니다. 중요한 건 빚을 지느냐가 아니라, 빚이 '무엇을 위해 존재하느냐'예요. 부채를 두려워하지 말고 다스리세요. 그 순간부터, 자산이 당신을 위해 일하기 시작합니다.

9

주식과 펀드

기업에 직접 투자하는 것 vs 주머니째 사는 것

백화점에 비유하면 주식은 한 '매장'을 사는 것이고, 펀드는 그 매장들이 들어 있는 '층'을 사는 것이다.

주식이란?

주식은 '기업의 조각'을 사는 것이다. 즉, 한 브랜드를 직접 선택해 그 회사의 주인이 되는 일이다. 예를 들어, 백화점에 '나이키', '아디다스', '뉴발란스' 매장이 있다면 '나이키 주식'을 산다는 건, 그 매장의 일부 지분을 사는 것과 같다. 그 회사가 잘되면 내 돈도 같이 오르고, 그 회사가 망하면 내 돈도 줄어드는 구조다. 즉, 직접적인 선택과 책임이 따르는 투자가 바로 주식 투자다.

펀드란?

펀드는 '주식의 주머니'다. 직접 브랜드를 고르지 않고, 주머니의 아빠(운용사)가 대신 한꺼번에 묶어 운영한다. 다시 백화점으로 돌아가 보자. 주식이 '나이키 매장 하나를 사는 것'이라면, 펀드는 3층 전체 스포츠 매장을 사는 것이다. 즉, 한 번에 나이키 · 아디다스 · 뉴발란스를 다 사는 셈이다. 이 중 하나가 부진해도 다른 브랜드가 잘하면 전체 손실이 완화된다.

추가적으로 ETF는 뭘까?

주식과 펀드 그 중간 단계라고 보면 된다. ETF(상장지수펀드)는 펀드처럼 여러 회사를 묶되, 주식처럼 자유롭게 사고팔 수 있다. 펀드의 안정성과 주식의 유연함을 동시에 가진 상품이다. 예를 들어, 'KOSPI200 ETF'를 산다고 가정해 보자. 국내 주식을 하는 사람이 국내 기업의 주식을 하나하나 샀을 때 들어가야 하는 많은 비용과 리스크가 있는데 ETF를 사면 국내 대표 200개 기업을 한꺼번에 큰 비용 부담 없이 사는 효과가 있다.

어떠한 투자도 안정성 100%란 없다. 하지만 이러한 용어의 이해와 나의 투자성향에 맞는 선택을 한다면 안 좋은 경험으로 투자를 멀리할 일은 없어질 것이다. 처음 투자하는 사람이라면 이렇게 말하고 싶다.

"좋아하는 브랜드부터 시작하라."

백화점에 가서 아디다스 매장이 잘되는 걸 보면 "저 회사의 주식은 어떨까?"를 떠올리고, 스타벅스에 줄 선 사람들을 보며 "이건 단순한 커피가 아니라 비즈니스 모델이구나"를 깨닫는 것. 이게 바로 '현실에서 배우는 투자'다.

투자 방향을 세우는 기본 원칙

1. 한 바구니에 담지 마라. 예금, 주식, 연금, 금, 달러로 자산을 나눠라.
   - *각기 다른 성격의 자산이 위기 때 서로를 보완한다. (포트폴리오 전략)*
2. 투자금은 감당 가능한 범위에서 시작하라. '잠 못 드는

돈'은 이미 실패한 투자다.

3. 타이밍을 잡지 말고, 시간을 활용하라. 싸게 사서 비싸
게 파는 게 아니라, 대부분 오래 두는 사람이 이긴다.

4. 시장은 두려움과 탐욕의 반복이다. 흔들리지 않는 사람
이 수익을 가져간다.

※ 핵심

주식은 세상의 움직임을 보여 주고, 시장의 흐름을 배우는 가장 좋은
교재다. 기업이 성장하고, 산업이 변화하며, 사회가 흘러가는 방향이
모두 주가에 반영된다.

정프로의 한마디

"투자를 두려워하지 말고, 관찰로 시작하세요." 시장을 보고, 사람
을 보고, 소비를 관찰하는 것. 그게 바로 투자 감각의 시작이에요.
돈이 흐르는 곳에는 항상 이유가 있습니다. 당신의 돈이 흘러갈 방
향을, 이제는 스스로 정하세요.

10

현금흐름(Cash Flow)

재무설계의 심장

돈은 정적인 숫자가 아니라, 살아 움직이는 흐름이다.

실제로 현금 흐름은 회계나 재무에서 현재가치 판단의 핵심 준거가 된다. 개인 재무관리에서도 마찬가지로 돈이 들어오고 나가는 방향을 보면 그 사람의 삶의 구조가 보이게 된다. 현금흐름은 마치 심장과 같다. 심장이 피를 돌리듯, 돈의 흐름이 순환될 때 자산은 살아 움직인다. 숨이 멎으면 생명이 멈추듯, 흐름이 끊기면 자산도 성장하지 못한다.

수입(Income): 돈이 들어오는 혈관

지출(Expense): 돈이 나가는 혈관

저축·투자(Saving & Investment): 피를 모으고 돌리는 순환계

이 순환이 건강할수록 삶은 단단해진다. 돈을 벌어도, 관리의 흐름이 막히면 쌓이지 않는다. 반대로 흐름을 설계하면, 평범한 월급도 자산으로 바뀔 수 있게 된다.

돈의 흐름을 읽는 3단계

1. '기록'하라

   - 가계부, 앱, 메모 어떤 방식이든 상관없다. 중요한 건 매달 돈이 어디서 들어오고, 어디로 사라지는지 '보는 눈'을 갖는 것이다.

2. '분리'하라

   - 생활비, 미래비, 여유비를 분리하면 소비의 방향이 보이고, 불필요한 지출이 줄어든다.

3. '자동화'하라

   - 자동이체는 '감정'을 이기는 기술이다. 감정이 개입하지 않는 순간, 습관이 되고 습관은 시스템으로 바뀐다.

※ 핵심

현금흐름은 내 돈의 혈액순환이다. 수입보다 '흐름'을 관리하는 사람이 진짜 부자다. 자동이체는 감정을 통제하는 가장 강력한 기술이다.

정프로의 한마디

현금흐름은 재무설계의 심장이에요. 수입이 아무리 많아도 흐름이 막히면 피로해지죠. 돈이 잘 도는 사람은, 돈을 많이 버는 사람이 아니라 돈이 들어오고 나가는 길을 잘 만들어 둔 사람이에요. 재무설계는 '얼마를 버느냐'가 아니라 '어떻게 순환시키느냐'의 싸움입니다.

돈의 언어를 알면, 세상이 다르게 보인다.

돈은 숫자가 아니라 '언어'다. 그 언어를 이해해야 돈과 대화가 가능하다.

이 장은 단순한 기초가 아니다. 이해의 출발점이자, 앞으로 나올 모든 이야기의 '기반'이다.

"당신이 돈의 언어를 이해하는 순간, 돈은 더 이상 당신을 두려워하지 않는다."

이제 당신은 돈의 흐름을 볼 수 있는 눈을 얻었다. 그 눈으로 세상을 다시 보면, 지금까지 보이지 않던 기회들이 하나씩 보이기 시작할 것이다. 지금부터 펼쳐질 본문은 그 여정의 시작이다. 당신이 부자가 되기 위해 필요한 건 복잡한 공식이 아니라, 정확한 이해와 공감이다.

그럼, 이제 '돈과 사랑에 빠지는 이야기'를 시작해 보자.

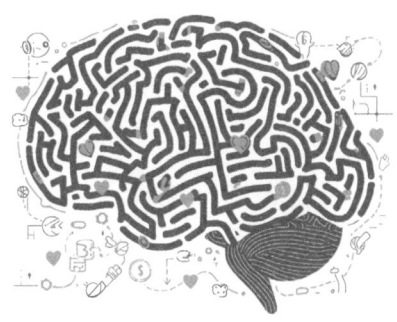

(1부)

돈은
숫자가 아니라
감정이다

"돈을 모으는 사람들은 감정을 통제하려 하지 않는다. 대신 시스템으로 통제한다. 자동이체, 목표 금액, 예산 분리 같은 '기계적 구조'를 만들어 감정이 개입될 여지를 줄인다."

1장

돈 앞에서 흔들리는 이유

"돈이 부족하다고 느끼면, 내가 부족한 사람처럼 느껴진다."

돈이 부족하다는 느낌의 정체

"돈이 부족할 때면 괜히 제가 부족한 사람처럼 느껴져요."

이 말을 처음 들었을 때, 나는 마음이 먹먹했다. 상담을 하다 보면 이런 이야기를 자주 듣는다.

"저는 왜 이렇게 돈 앞에서 작아질까요?"

"지출할 때마다 죄책감이 들어요."

"다른 사람들은 잘 사는 것 같아서 더 비교하게 돼요."

이런 말들이 반복될 때마다, 나는 한 가지 확신이 생긴다. 우리는 숫자보다 감정에 더 흔들린다는 것. 돈 자체가 아니라, 돈에 얽힌 감정이 우리의 선택을 지배한다는 것을.

통장 잔고가 100만 원이든 1,000만 원이든, 마음이 불안하면 늘 부족하게 느껴진다. 반대로 통장에 돈이 적어도, 마음이 안정되어 있으면 불안하지 않다. 왜 그럴까? 돈 문제는 숫자의 문제가 아니라 감정의 문제이기 때문이다.

가난한 사람이 아니라 '가난한 마음'

어느 날, 한 30대 여성이 상담을 받으러 왔다. 그녀는 안정적인 직장과 높은 연봉을 가지고 있었지만, 통장은 늘 바닥이었다. 그녀는 조용히 말했다.

"저는 친구들을 만나면 부러움의 대상이 되기도 하지만, 집에 돌아와 남들의 부러움과 대비되는 내 통장 잔고를 볼 때마다 항상 작아져요. 스스로가 한심하게 느껴지고, 그래서 스트레스로 소비를 해요."

그녀는 '가난한 사람'이 아니었다. 하지만 '가난한 마음'을 가진 사람이었다. 그녀의 문제는 돈이 아니라, 감정의 불균형이었다.

나는 수많은 상담을 하며 깨달았다. 진짜 가난은 통장 잔고가 아니라 마음에서 시작된다는 것을. 돈이 많아도 마음이 불안하면 늘 부족하고, 돈이 적어도 마음이 안정되면 충분할 수 있다. 우리가 정말 채워야 할 건 통장이 아니라 마음이다.

돈을 둘러싼 모순된 가치관

우리는 자라면서 이런 말을 들어왔을 것이다.

"돈 자랑은 하지 마라."
"돈 얘기는 속 보인다."
"돈 얘기하는 사람은 천박하다."

그러면서도 동시에,

"돈 없으면 아무것도 못한다."

"돈 잘 버는 게 최고다."

"그래도 돈 많은 게 낫지 않냐."

"공부해야 대기업 가서 높은 연봉 받는다."

모순된 가치관 속에서 우리는 혼란을 겪는다. 돈이 좋다고 말하면 욕먹을까 봐 숨기고, 돈이 없다고 말하면 무능해 보일까 봐 감춘다. 그 사이에서 감정은 망가지고, 판단은 흐려진다. 이 이중적인 메시지 속에서 우리는 돈에 대한 건강한 태도를 배울 기회를 잃었다.

학교에서도, 부모님도, 회사도 누구도 우리에게 '돈'을 제대로 가르쳐 주지 않았다. 그저 열심히 공부하고, 일하고, 성실히 살면 된다고 믿었다. 하지만 세상은 냉정하다.

"돈이 전부는 아니지만, 돈 없이는 아무것도 할 수 없다."

이 모순 속에서 우리는 길을 잃었다.

감정을 인식하고 다루는 법

뇌과학이 밝힌 진실

실제로, 돈과 감정은 뇌 과학적으로도 깊이 연결되어 있다. 연구에 따르면 돈을 잃었을 때 느끼는 고통은 신체적 통증과 동일한 부위에서 반응한다. 돈을 얻었을 때의 쾌감은 도파민을 분비시킨다. 즉, 돈은 욕망이 아니라 생존 반응이다.

그래서 어떤 사람은 소비로 스트레스를 풀고, 어떤 사람은 잃을까 봐 아무것도 하지 못한다. 이 감정의 롤러코스터를 타면서 우리는 돈과 건강한 관계를 맺지 못하게 된다. 뇌는 돈을 '생존의 문제'로 인식한다.

원시시대에 음식과 안전을 확보하던 본능이, 현대에는 돈으로 전환된 것이다. 그래서 돈이 부족하다고 느낄 때 우리 뇌는 실제 위험에 처한 것처럼 반응한다. 심장이 빨리 뛰고, 불안이 엄습하고, 판단력이 흐려진다. 이것은 당신이 약해서가 아니다. 인간이라면 누구나 겪는 자연스러운 반응이다.

억누르지 말고, 인식하라

내가 하고 싶은 말은 단 하나다. "당신이 돈 때문에 감정적으로 흔들리는 건, 당신이 약해서가 아니라, 인간이라서 그렇다." 누구나 그렇고, 나 역시도 그렇다. 지금 이 책을 쓰는 이 순간에도, 나는 돈에 대한 감정을 다스리는 법을 계속 배우고 있다. 중요한 건 감정을 억누르는 게 아니라, 그 감정을 '인식하고 다루는 법'을 아는 것이다.

오늘부터 할 수 있는 것

1. 돈 앞에서의 감정 기록하기
   - 지출할 때 어떤 감정이었나요?
   - 통장을 볼 때 어떤 기분이 드나요?
   - 일주일간 감정을 메모해 보기

2. 비교 소비 차단하기
   - SNS 타임라인 보는 시간을 의식적으로 줄이기
   - "남들도 다 사는데"라는 생각이 들 때 3초 멈추기

- 내 기준으로 정말 필요한지 질문하기

3. 돈과의 대화 시작하기
   - "나는 돈을 어떻게 생각하는가?"
   - "돈이 있으면 정말 하고 싶은 건 무엇인가?"
   - "돈 앞에서 왜 작아지는가?"
   - 답을 종이에 적어 보기

이 장은 그 첫걸음이다. 당신이 돈과 감정 사이에서 흔들리지 않는 기준을 세우기 위한 시작. 돈을 사랑하는 것뿐 아니라, 돈에 휘둘리지 않도록 나 자신을 사랑하는 법을 배우는 단계다.

정프로의 한마디

"돈은 창피한 게 아닙니다. 당신이 무능한 것도 아니에요. 단지 배울 기회가 없었을 뿐입니다." 이 책이 끝날 때쯤, 당신은 돈을 보는 눈이 달라져 있을 것입니다. 돈은 더 이상 당신을 시험하지 않을 것입니다. 당신이 돈을 '이해하고 다루는 사람'이 되어 있을 테니까요.

Q   왜 우리는 돈 앞에서 쉽게 흔들릴까?

A   돈 자체보다 '부족하다고 느끼는 감정'이 먼저 반응하기 때
    문이다. 불안이 커질수록 실제 금액과 상관없이 부족함이
    과장된다.

Q   돈이 충분해도 늘 불안한 이유는 무엇인가?

A   뇌는 돈을 생존과 연결된 문제로 인식한다. 그래서 손실의
    고통, 비교의 불안, 잃을까 하는 두려움이 자동으로 활성화
    된다. 돈을 잃었을 때 느끼는 고통은 실제 신체적 통증과 동
    일한 뇌 부위에서 반응한다.

Q   진짜 가난은 무엇인가?

A   통장 잔고가 아니라 마음이다. 돈이 많아도 마음이 불안하
    면 늘 부족하고, 돈이 적어도 마음이 안정되면 충분할 수 있
    다. 우리가 정말 채워야 할 건 통장이 아니라 마음의 안정이
    라는 것이다.

Q 흔들림을 줄이는 첫 단계는 무엇인가?

A 감정을 억누르는 것이 아니라, '내가 지금 무엇 때문에 불안해졌는가'를 인식하는 것이다. 부족한 것은 통장이 아니라 감정적 안정이다.

Q 나는 돈 앞에서 약한 사람인가?

A 그렇지 않다. 누구나 흔들린다. 이는 능력의 문제가 아니라 인간의 자연스러운 생존 반응이다.

| 2장 |

구조가 감정을 이긴다

"돈이 모이지 않는 이유는, 의지가 약해서가 아니다.
돈이 흘러가는 길을 모르기 때문이다."

기준으로 사는 사람 vs 기분으로 사는 사람

사람은 누구나 '모으고 싶다'고 말한다. 하지만 실제로 모으는 사람은 드물다. 같은 연봉, 같은 직장, 비슷한 소비를 해도 누군가는 잔액이 쌓이고, 누군가는 늘 마이너스다. 이 차이는 단순히 '수입의 크기'가 아니다. 돈이 흘러가는 구조를 만들었는가, 감정으로 흩뜨렸는가의 차이다.

돈을 모으는 사람에게는 '기준'이 있고, 흩뜨리는 사람에게

66   부(富)럽(LOVE)

는 '기분'이 있다. 나는 상담을 하며 이 두 부류를 수없이 본다.

1. 기분으로 사는 사람

"오늘 진짜 힘들었어. 치킨 하나쯤이야."
"이번 달 야근 많이 했으니까 나한테 선물해야지."
"스트레스받았으니까 이 정도는 괜찮아."

기분에 따라 지갑이 열린다. 스트레스받으면 배달, 우울하면 쇼핑, 외로우면 카페. 이런 식으로 스스로를 설득한다. 반복되는 위로 소비, 보상 소비가 통장을 비운다.

2. 기준으로 사는 사람

"이번 달 식비 예산 50만 원. 지금 30만 원 썼으니 20만 원 남았네."
"이거 정말 필요한 소비인가?"
"지금 안 사면 정말 불편할까?"

기준을 먼저 본다. 기분이 흔들려도 기준이 흔들리지 않는
다. 이 한 문장을 묻고 나면 절반의 지출은 멈춘다. 둘 다 같
은 상황, 같은 감정을 느낀다. 하지만 하나는 '기준'을 먼저
보고, 하나는 '기분'을 먼저 본다. 그 작은 차이가 1년 후, 10
년 후 엄청난 격차를 만든다.

구조가 감정을 제어한다

월 소득 600만 원대의 40대 초반 직장인, K 고객이 있었
다. 그는 항상 '모으고 싶다'는 말을 했지만 매달 통장 잔액
은 늘 제로였다. 나는 그에게 "월급이 들어오면 먼저 뭐 하세
요?"라고 물었다.

그는 이렇게 대답했다.

"카드값부터 막아요. 그리고 남은 돈으로 살죠."

이게 전형적인 '기분형 구조'다. 벌어서 막고, 남은 돈으로
버틴다. 이 구조에선 절대 돈이 쌓이지 않는다. 그래서 나는
이렇게 조언했다.

"이제부터는 순서를 바꿔 보세요. 지출 전 저축, 감정 전 자동이체."

순서를 바꾸는 것만으로 달라진다. 누구나 알고 있는 내용일 수 있다. 하지만 아는 것과 실행하는 것은 완전히 다르다.

그는 몇 개월 후, 통화에서 이런 얘기를 한다.

"담당자님, 신기하게도 이제는 돈이 조금씩 남아요."

그의 습관이 바뀐 게 아니라, 구조가 감정을 제어하기 시작한 것이었다.

월급이 들어오는 순간:

기분형: 카드값 → 생활비 → 남으면 저축 (결과: 항상 0원)

기준형: 저축 자동이체 → 카드값 → 생활비 (결과: 매달 저축 성공)

순서를 바꾸는 것만으로 통장이 달라진다. 기분은 순간이지만, 구조는 습관이다. 기분은 하루면 무너질 수 있지만, 구조는 매달 같은 리듬으로 당신을 지켜 준다.

돈의 흐름이 말하는 삶의 구조

나는 고객 상담을 할 때, 그 사람의 말보다 돈의 흐름을 먼저 본다. 감정은 거짓말을 하지만 돈의 흐름은 정직하다. 더 정확히 말하면, 그 사람이 돈을 쓰는 패턴을 보면 그 사람의 삶이 보인다. 통장을 보지 않아도 알 수 있다. 소비의 방향성, 지출의 우선순위, 돈을 대하는 태도. 이 세 가지만 보면 그 사람의 '재무 성향'이 그대로 드러난다.

실제로 우리의 소비는 대부분 이성보다 감정에 의해 결정된다. 피곤할 때 택시를 타고, 우울할 때 쇼핑을 하고, 외로울 때 카페로 향한다. 이건 단순한 낭비가 아니라, 감정을 달래기 위한 '행동'이다. 문제는 그 대가가 금전적 손실로 돌아온다는 것이다.

모으는 사람은 돈을 '보내는 법'을 알고, 흩뜨리는 사람은 돈을 '버는 데만 집중'한다. 모으는 사람은 "이 돈이 어디로 가고 있는지"에 관심이 있다. 흩뜨리는 사람은 "더 벌면 되지"를 자주 말한다.

자동화는 감정을 이기는 유일한 기술

사람의 의지는 생각보다 약하다. 그렇기 때문에 진짜 절약은 '의지'가 아니라 '시스템'에서 시작된다.

돈을 모으는 사람들의 공통점은 단순하다. 기분을 믿지 않는다. 대신 자동이체, 목표 금액, 예산 분리로 기분이 개입될 여지를 차단한다.

어떤 고객은 이렇게 말한다.

"이젠 월급이 들어오면 제 돈이 아닌 느낌이에요."

아주 좋은 현상이다. 그는 월급이 들어오자마자 자동이체로 보험, 투자, 저축, 생활비, 비상금을 각각의 통장으로 나눴다. 급여 통장에는 배분이 끝나는 순간 잔액이 0원이 된다.

기분은 하루면 무너질 수 있지만, 시스템은 매달 같은 리듬으로 당신을 지켜 준다. 돈을 모으는 사람들은 감정을 통제하려 하지 않는다. 대신 시스템으로 통제한다. 자동이체, 목표 금액, 예산 분리 같은 '기계적 구조'를 만들어 감정이 개입될 여지를 줄인다.

이건 냉정한 방법이 아니라, 똑똑한 방법이다.
돈은 감정보다 시스템에 더 잘 반응한다.

정프로의 한마디

대부분 "의지가 약해서 돈을 못 모으는 것 같아요."라고 말하지만
그것은 의지의 문제가 아니라, 구조의 문제예요. 기분은 누구나 흔
들립니다. 중요한 건 기분을 이기려고 노력하는 게 아니라, 기분이
개입될 여지를 없애는 겁니다. 순서만 바꾸면 의지 없이도 통장이
달라집니다. 월급날 자동이체부터 설정하세요.

Q 돈이 모이지 않는 진짜 이유는 무엇인가?

A 의지가 약해서가 아니라 돈이 흘러가는 구조가 없기 때문이다. 같은 연봉을 받아도 누군가는 쌓이고 누군가는 마이너스인 이유는 '기준'이 있는가, '기분'으로 사는가의 차이다.

Q 기준으로 사는 사람과 기분으로 사는 사람의 차이는?

A 기분으로 사는 사람은 "오늘 힘들었어, 치킨 하나쯤이야"라며 감정에 따라 지갑을 연다. 기준으로 사는 사람은 "이번 달 식비 예산 50만 원, 지금 30만 원 썼으니 20만 원 남았네"라며 기준을 먼저 본다. 이 작은 차이가 1년 후, 10년 후 엄청난 격차를 만든다.

Q 돈의 흐름을 보면 무엇을 알 수 있을까?

A 그 사람의 삶이 보인다. 감정은 거짓말을 하지만 돈의 흐름은 정직하다. 소비의 방향성, 지출의 우선순위, 돈을 대하는 태도만 보면 그 사람의 재무 성향이 그대로 드러난다.

Q 자동화가 왜 중요한가?

A 사람의 의지는 생각보다 약하기 때문이다. 진짜 절약은 의지가 아니라 시스템에서 시작된다. 자동이체, 목표 금액, 예산 분리로 기분이 개입될 여지를 차단하면 감정이 흔들려도 시스템이 당신을 지켜 준다.

Q 오늘부터 할 수 있는 첫 단계는?

A 월급날 자동이체를 설정하는 것이다. 저축, 투자, 보험을 각각의 통장으로 자동 분리하라. 급여 통장이 비는 순간 당신의 재무 구조가 작동하기 시작한다. 기분은 하루면 무너지지만, 구조는 매달 당신을 지킨다.

3장

지출에도 품격이 있다

"돈이 어디로 가는지는 결국 당신이 어떤 사람인지를 말해준다."

지출 내역은 당신의 정체성 보고서

지출은 단순한 소비가 아니다. 한 달의 카드 명세서를 펼쳐 보면, 그 사람의 '가치관'이 고스란히 드러난다. 카페, 택시, 구독, 명품, 학원, 도서, 기부… 이건 단순한 내역이 아니라, '내가 무엇을 중요하게 여기는가'의 기록이다.

어떤 사람은 월급의 절반을 외식과 쇼핑에 쓰고, 어떤 사람은 같은 금액을 미래의 자산으로 옮겨둔다. 둘 다 같은 돈을 썼지만, 결과는 전혀 다르다.

"당신의 통장은 말보다 솔직합니다."

같은 10만 원이라도 누군가에겐 의미 없는 소비지만, 누군 가에겐 자기 성장의 투자다. 돈은 감정이 머무는 곳으로 흘 러간다. 그래서 지출의 품격은 곧 '감정의 품격'이다.

나는 상담 중에 이런 말을 자주 한다.

"지출에는 품격이 있어야 합니다."

이 말은 단순히 '아껴 써라'는 뜻이 아니다. 돈을 '의미 있 게' 써야 한다는 뜻이다. 매달 결제 내역을 보면 무엇을 중요 하게 여기는지가 그대로 보인다. 주말마다 빠져나가는 외식 비, 구독 중이지만 한 달째 보지 않은 OTT 요금, 습관처럼 사는 비싼 커피 한잔. 이것들은 당신의 시간과 감정이 어디 에 머물고 있는지를 보여 주는 '정체성의 보고서'다.

의미 있는 소비 vs 감정의 누수

비싼 명품 가방을 사더라도 후회하지 않을 수 있다. 그게 '나에게 주는 보상'이라면, 충분히 가치 있는 소비다. 하지만 이유 없이, 비교심 때문에, 혹은 단지 '남들이 사서 나도 사는' 소비라면 그건 감정의 누수이고, 자기 확신의 결핍이다. 감정이 흔들릴수록 소비는 즉흥적으로 변하고, 그 즉흥이 쌓이면 통장은 텅 비어 간다.

의미 있는 소비란?

– 내가 왜 이걸 사는지 명확히 설명할 수 있다.

– 산 후에도 후회가 아닌 만족이 남는다.

– 내 가치관과 우선순위에 부합한다.

– '의미 있는 소비는 기억에 남는다'

감정의 누수란?

– "남들도 다 사는데"라는 이유로 산다.

– 스트레스, 외로움, 허전함을 메우려고 산다.

– 산 직후엔 기분이 좋지만 통장을 보면 후회한다.

– '감정의 누수는 기록으로만 남는다'

돈을 버는 방식은 비슷해도, 돈을 다루는 방식은 완전히 다르다. 나는 수많은 상담을 하며 비슷한 소득을 가진 사람들이 전혀 다른 삶을 사는 걸 보았다. 한 사람은 500만 원으로 매달 100만 원씩 저축하고, 다른 사람은 700만 원을 벌고도 적자가 난다. 왜 이런 차이가 나는 걸까? 단순히 씀씀이의 차이일까? 그렇지 않다. 돈에 대한 사고방식의 차이, 그리고 평소 습관과 선택 기준의 차이 때문이다.

SNS, 비교의 시대가 만든 소비의 착각

우리는 하루에도 몇 번씩, 꽤 많은 시간을 남의 삶을 스크롤하는 데 쓴다. 누군가는 여행지에서 와인을 마시고, 누군가는 새 차 앞에서 사진을 찍고, 누군가는 화려한 일상을 자랑한다. 하지만 그건 현실이 아니라 '편집된 순간'이다. 연구에 따르면, SNS 이용 시간이 많을수록 소득과 삶에 대한 불만족이 커지고, 소비를 통한 보상심리가 강해진다고 한다.

플렉스 문화의 함정

요즘은 '플렉스'라는 말이 익숙하다. 자신의 소비를 자랑하고, 그것을 통해 인정받는 문화. 명품 가방 언박싱, 고급 레스토랑 인증, 해외여행 사진… 이 모든 것이 SNS라는 무대 위에서 펼쳐진다. 문제는 이 '무대'에 오르기 위해 우리가 치르는 대가다.

한 20대 직장인 고객이 상담 중에 이런 말을 했다.

"친구들이 올리는 사진을 보면 다들 잘 사는 것 같아요. 저만 뒤처지는 것 같고… 그래서 저도 비슷하게 해야 할 것 같아서 카드를 긁게 돼요."

그녀의 월급은 300만 원대였지만, 매달 명품 소품이나 유명 맛집 방문으로 400만 원 이상을 썼다. 부족한 100만 원은 카드 할부와 마이너스 통장으로 메웠다. 그녀는 인스타그램에서는 화려했지만, 통장은 늘 마이너스였다.

보이는 소비 vs 보이지 않는 저축

SNS는 비교의 속도를 빠르게 한다. 좋아요 수, 팔로워 수, 댓글 수는 새로운 사회적 화폐다. 문제는 이 '화폐'를 얻기 위해 현실보다 비싼 삶을 산다는 것이다. 우리는 실제로 벌 수 있는 돈보다, '보여 줘야 하는 돈'을 더 많이 쓴다.

매달 100만 원씩 저축하는 사람은 SNS에 올릴 게 없다. 통장 잔고는 사진이 되지 않는다. 하지만 30만 원짜리 브런치는 인스타그램 9장 게시물이 된다. 20만 원짜리 명품 지갑은 100개의 좋아요를 받는다. 그래서 사람들은 '보이는 소비'에 집중한다. '보이지 않는 저축'은 점점 멀어진다.

FOMO(Fear of Missing Out): 소외되는 것에 대한 두려움

심리학에서는 이를 'FOMO(Fear of Missing Out)'라고 부른다. '나만 빠지는 건 아닐까', '나만 뒤처지는 건 아닐까' 하는 두려움. 이 두려움이 지갑을 연다.

"다들 가는 여행인데 나만 안 가면 어떡하지"
"이 브랜드 하나쯤은 있어야 하지 않을까"
"친구들이 다 사는데 나만 없으면 이상하지 않을까"

그건 소비가 아니라 '증명'이다.

"나도 이 정도는 할 수 있어요."
"나도 행복해요."
"나도 성공했어요."

이 말을 돈으로 대신하는 사회, 그게 지금의 SNS 시대다.
그렇다면 우리는 어떻게 해야 할까? SNS를 완전히 끊을
수는 없다. 하지만 비교의 함정에서 벗어날 수는 있다.

하루 중 일부 시간만큼은 의도적으로 SNS에서 벗어나라.
특히 아침 출근 전과 저녁 잠들기 전, 이 두 시간대는 SNS를
보지 않는 것만으로도 마음이 달라진다. 소비 충동이 강한
시간대인 퇴근 후나 주말에는 더욱 의식적으로 차단해야 한
다. 그리고 SNS에서 본 것을 당장 사고 싶을 때는 24시간을
기다려라. 24시간 후에도 정말 필요하다면 그때 구매해도 늦
지 않다. 신기하게도 대부분의 충동 소비는 24시간이면 사라
진다.

SNS는 당신의 적이 아니다. 하지만 비교의 프레임 속에서 보면 당신을 가난하게 만드는 도구가 된다. 남의 '편집된 삶'과 나의 '실제 삶'을 비교하지 마라. 그 비교는 절대 공정하지 않다.

무의식에서 의식으로, 지출의 진화
지출에는 크게 세 가지 유형이 있다.

1. 무의식적 지출: 감정이 앞선 소비. '기분 전환'이라는 명목으로 반복된다.

"오늘 힘들었으니까 이 정도는…."
통장 내역을 봤을 때 "이게 뭐였지?" 하는 소비

2. 습관적 지출: 자동 결제, 구독, 커피, 점심 등 생각 없이 반복되는 흐름.

매일 출근길 카페 라떼 (월 15만 원)

안 보는 OTT 3개 구독 (월 3만 원)

편의점 들를 때마다 사는 소비

3. 의식적 지출: 목적과 가치가 분명한 소비. 자기 기준이 살아 있는 돈의 사용.

"이건 내 성장에 투자하는 거야"

"이건 정말 필요해서 사는 거야"

산 후에도 후회가 없는 소비

무의식적 소비가 많을수록 통장은 비어간다. 하지만 의식적 소비는 돈이 빠져나가도 만족감이 남는다. 지출은 줄이는 게 아니라 방향을 바꾸는 것이다. '의식'이 들어가는 순간, 돈은 새는 게 아니라 쌓이기 시작한다.

돈이 머무는 곳이 당신의 수준

"돈은 말이 없다. 하지만 어디로 가는지를 보면, 그 사람이 어떤 생각과 가치를 가지고 사는지 보인다."

나는 재무 상담을 할 때 고객에게 특별한 질문을 던지기 전에, 그들이 '돈을 바라보는 태도와 행동'을 가장 먼저 본다. 통장 입출금 내역 그 자체보다, 돈을 대하는 방식에서 그 사람의 가치관과 성향이 드러난다. 어떤 지출을 우선시하는지, 무엇을 위해 돈을 쓰는지가 그 사람의 삶을 가장 잘 말해 준다. 돈은 당신이 머무는 곳을 닮는다. 품격 있는 소비는 절제가 아니라, '선택의 기준'이다.

"무엇이 당신의 삶의 질을 향상시켜 주는 방향인가?"

이 질문에 답할 수 있다면, 그 소비는 이미 품격 있는 소비다. 어떤 사람은 자기계발 서적에 돈을 쓰고, 어떤 사람은 SNS 인증을 위한 소비에 돈을 쓴다. 둘 다 돈을 썼지만, 10년 후 그들의 삶은 전혀 다른 모습일 것이다. 지금 당신의 돈이 머무는 곳이, 결국 당신의 미래를 만든다.

정프로의 한마디

이제는 비교 없는 나만의 삶 속에서 의미 있는 의식적 소비를 하세요. 무의식 소비를 의식적 소비로 바꾸는 데는 3개월이면 충분합니다. 오늘부터 '왜 사는지' 한 번씩 물어보는 소비를 하시길 바랍니다.

Q 카드 명세서에서 무엇을 볼 수 있는가?

A 숫자가 아니라 가치관이다. 매주 외식하는 사람과 책을 사
   는 사람, 둘 다 10만 원을 썼지만 10년 후 삶은 완전히 다르
   다. 지출은 당신이 중요하게 여기는 것의 기록장이다.

Q 의미 있는 소비와 감정의 누수는 어떻게 구분할까?

A 의미 있는 소비는 왜 사는지 명확히 설명할 수 있고, 산 후
   에도 만족이 남는다. 감정의 누수는 "남들도 다 사는데"라
   는 이유로 사고, 스트레스나 외로움을 메우려고 사며, 산 직
   후엔 기분이 좋지만 통장을 보면 후회한다. 의미 있는 소비
   는 기억에 남지만, 감정의 누수는 기록으로만 남는다.

Q 왜 SNS를 보면 지갑이 열리는가?

A 편집된 삶과 실제 삶을 비교하기 때문이다. 통장 잔고는 사진
   이 안 되지만 브런치는 9장 게시물이 된다. 좋아요를 얻으려
   고 현실보다 비싼 삶을 사는 순간, 통장은 마이너스가 된다.

Q　커피값 15만 원, 어떻게 줄일 수 있을까?

A　줄이는 게 아니라 '의식'하는 것이다. 무의식적 지출은 "오늘 힘들었으니까"처럼 감정이 먼저 온다. 의식적 지출은 "이게 정말 필요한가?"를 묻는다. 이 질문 하나로 절반의 소비가 멈춘다.

Q　품격 있는 소비의 기준은?

A　후회 없음이다. 절제하라는 게 아니다. "이게 내 삶의 질을 높일 수 있는가?"에 대답할 수 있으면 그게 품격이다. 자기계발서에 쓰는 10만 원과 SNS 인증용 10만 원, 10년 후 격차는 상상 이상이다.

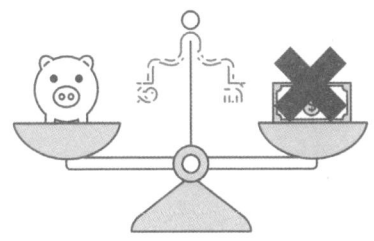

저축보다 소비통제가 10배 빠르다

"금리 10%보다 강력한 건 당신의 절제력이다."

돈은 무의식 속에서 사라진다

사람들은 늘 '돈이 어디로 갔는지 모르겠다'고 말한다. 하지만 돈은 사라진 적이 없다. 대부분 너무 작은 이유들로 흘러갔을 뿐이다.

"필요해서 산 건데요."

"이왕이면 1+1이라서요."

"다이소니까 괜찮잖아요."

이런 말들이 바로 '무의식적 지출'의 얼굴이다. 누구나 이런 합리화를 한다. 비싸게 산 명품은 후회하면서도, 3천 원짜리 소품은 아무 생각 없이 담는다. 그런데 돌아보면, 그 3천 원짜리가 수십 번 쌓여 명품 하나 값이 되어 있다. 우리가 "절약 잘했다"라고 느끼는 순간조차 사실은 '작은 낭비의 시작점'일 때가 많다.

돈은 통장에서 사라지지 않는다. '무의식 속'에서 사라진다. 한 달이 지나고 통장을 보면 이렇게 말한다.

"도대체 이게 뭐지?"
"나 이거 산 기억도 없는데?"

그 모든 지출이 쌓여 결국 통장을 비운다.

다이소식 지출의 함정
한 번은 상담 중에 이런 얘길 들었다.

"저는 사치는 안 부려서 큰돈은 안 써요. 비싼 옷도 안 사고, 명품도 안 사요."

그런데 통장을 보니 이상했다. '큰돈'은 안 쓰는데 '잔돈'이 너무 많았다. 커피, 배달, 소품, 구독 서비스, 택시비… 소액 결제 내역이 줄줄이 적혀 있었다. 한 건 한 건은 작았지만, 합치면 적지 않은 금액이었다. 나는 조용히 물었다.

"이 중에, 진짜 필요했던 건 몇 개였나요?"

그는 잠시 고민하더니 웃으며 말했다.

"글쎄요, 다이소나 할인마트에 가면 꼭 뭔가를 사요. 필요 없는데 싸니까 사게 돼요."

이게 바로 '다이소식 지출'의 함정이다. 저렴하다는 이유로 사면, 결국 비싸게 산다. 한 개의 큰 지출은 한 번의 결정이지만, 100개의 작은 지출은 '습관'이 된다. 그리고 그 습관은 통장 잔고를 갉아먹는다. 소비 통제의 핵심은 '큰돈'이 아니라 '작은 반복'이다. 필요 없는데 싸니까 샀다면, 사고 나서 어디에 뒀는지도 기억나지 않는다면, "이왕이면", "1+1이니까"로 시작하는 구매가 잦다면, 편의점 들를 때마다 꼭 뭔가 사게 된다면 그게 바로 다이소식 지출이다.

당신이 믿는 10, 통장에 남는 4.5B

많은 사람이 이렇게 묻는다.

"요즘 고금리 적금 없어요?"
"연 5~10% 이상 주는 상품 없을까요?"

그 마음을 잘 알지만 나는 이렇게 되묻는다.

"만약 10%짜리 적금이 없는 시대라면, 그 10%를 '아끼는 방식'으로 만들 수는 없을까요?"

사람들은 부업을 하고, 밤새 금융상품을 검색하며 조금이라도 더 '이자'를 받으려 애쓴다. 하지만 정작 '내부의 지출 구조'를 점검하는 사람은 드물다.

월적수의 법칙 – 착각과 현실

예를 들어, 매달 100만 원씩 12개월 동안 연 10% 적금에 넣는다고 가정해 보자. 많은 사람이 이렇게 계산한다.

1,200만 원 × 10% = 120만 원 이자!

하지만 이건 '기대 이자'일 뿐, 실제와는 다르다.
적금의 진짜 계산법을 알아야 한다.
적금은 내가 은행에 '맡기는 기간'에 대한 이자다.

1월에 넣은 100만 원 → 12개월 보관 → 연 10% 전액 적용

2월에 넣은 100만 원 → 11개월 보관 → 연 10%의 11/12만 적용

3월에 넣은 100만 원 → 10개월 보관 → 연 10%의 10/12만 적용

...

12월에 넣은 100만 원 → 1개월만 보관 → 연 10%의 1/12만 적용

결과는? 원금 1,200만 원에 대한 실제 이자는 약 65만 원. 한 달로 환산하면 약 5만 4천 원이다.

그런데 여기서 끝이 아니다. 우리나라는 이자도 소득으로 간주해 '이자소득세' 15.4%를 떼간다. 65만 원에서 세금 10만 원을 제외하면? 실제 손에 쥐는 이자는 54만 9,900원. 한 달로 환산하면 약 4만 5천 원. 연 10%라고 믿고 가입한 적금의 실제 수익률은 4.58%가 된 것이다.

물가 상승률이 연 3~4%인 시대에, 이건 '이자'라기보다 '위로금'에 가깝다.

10% 적금 vs 10% 절약

이제 비교해 보자.

상황1

연 10% 금리 적금 (현실적으로 없음)

월 100만 원 × 12개월 = 1,200만 원 납입

세금 제외 실제 이자 = 54만 9,900원

한 달 환산 약 4만 5천 원

월 지출 10% 절약

월 소비 100만 원이라면 → 10만 원 절약

그냥 바로 10만 원이 남는다.

어느 쪽이 빠를까? 정답은 명확하다. 절약이 압도적으로 빠르다.

고금리 적금을 찾아 헤매는 시간에, 구독 서비스 하나 정리하고, 배달 주문 한 번 줄이고, 충동구매 한 건 참으면 그게 바로 당신만의 10% 수익률이다.

지출은 수익률 마이너스 100%짜리 투자다. 10만 원을 쓰는 순간, 그 돈은 0원이 된다. 하지만 10만 원을 안 쓰면, 그 돈은 고스란히 10만 원으로 남는다. 이것이 왜 저축보다 소비 통제가 먼저인지를 보여 주는 숫자의 진실이다.

소비 통제는 선택의 기술

소비를 통제한다고 해서 불행해지는 건 아니다. 진짜 소비 통제는 무엇을 안 살까가 아니라, 무엇을 위해 쓸까를 명

확히 하는 것이다. 소비 통제는 나를 가두는 게 아니라, 돈의
방향을 바로 세우는 기술이다.

소비 통제 3단계

1단계: 기록하라
한 달간 모든 지출을 기록해 보라. 앱도 좋고, 수첩도 좋
다. 중요한 건 '보는 것'이다.

2단계: 분류하라
필수 지출 (생존에 필요)
선택 지출 (있으면 좋음)
충동 지출 (나중에 후회)

3단계: 한 가지만 줄여라
처음부터 다 줄이려 하지 마라.
가장 쉬운 것 하나만 줄여라.
작은 성공이 습관을 만든다.

오늘의 충동을 이긴 사람이, 내일의 여유를 만든다. 이 단순한 진리를 이해하면, 돈은 더 이상 '모으는 대상'이 아니라 '머무는 동반자'가 된다.

정프로의 한마디

물론 좋은 금융상품을 찾는 것도 중요합니다. 하지만 지출을 10% 줄이는 게 금리 10% 받는 것보다 빠릅니다. 구독 하나 정리하고, 충동구매 한 번 참으면 그게 바로 당신만의 10% 수익률입니다. 소비를 통제할 수 있을 때, 돈은 비로소 당신 곁에 머뭅니다.

| 4장 핵심 질문노트 |

Q 연 10% 적금, 정말 10%인가?

A 착각이다. 월 100만 원씩 12개월 넣으면 실제 이자는 65만 원. 여기서 세금 15.4% 떼면 55만 원. 한 달 4만 5천 원. 믿었던 10%는 실제론 4.58%다. 위로금 수준이다.

Q 그럼, 적금은 하지 말라는 건가?

A 아니다. 하되 먼저 지출부터 막아라. 월 100만 원 쓰는 사람이 10만 원만 아껴도 그게 바로 10%다. 고금리 적금 찾아 헤매는 시간에 구독 하나 끊고 배달 한 번 참으면 된다.

Q 지출은 왜 -100% 투자인가?

A 10만 원을 쓰는 순간 그 돈은 0원이 된다. 하지만 10만 원을 안 쓰면 10만 원 그대로 남는다. 투자는 수익률이 불확실하지만, 절약은 100% 확정 수익이다.

Q 소비 통제하면 불행해지지 않나?

A 반대다. 무의식 소비가 불행을 만든다. "이거 왜 샀지?" 후회가 쌓이면 자괴감이 온다. 의식적 선택은 만족을 남긴다. 통제는 억압이 아니라 자유다.

Q 오늘부터 뭘 실행해야 할까?

A 한 가지만 줄여라. 전부 다 줄이려면 실패한다. 가장 쉬운 것 하나. 출근길 커피, 안 보는 구독, 편의점 들르는 습관. 하나만 끊어도 한 달 후 통장이 말해 준다.

2부

부는
노력보다
구조로 흐른다

"부자들은 열심히 일해서 부자가 되지 않는다. 대신 돈이 일하게 만든다.
적금이 아니라 투자로, 소비자가 아니라 자산가로, 자본주의 구조를 이해해
시스템을 활용한다."

5장

부자는 뉴스를 반대로 읽는다

"대부분의 사람이 움직일 때쯤은 이미 늦었다."

정보의 시대, 그리고 선택의 착각

지금은 정보가 넘치는 시대다. 누구나 스마트폰만 켜면 경제 뉴스, 주식 리포트, 부동산 유튜브를 볼 수 있다.

그런데 이상하다. 그 많은 정보를 본 사람 중 진짜로 부자가 되는 사람은 많지 않다. 왜일까? 정보는 넘치지만, 판단의 타이밍은 느리기 때문이다. 대부분의 사람은 '안전해 보이는 순간'에 움직인다. 하지만 그때는 이미 늦었다.

부자들은 '확신이 생기기 전'에 움직이고, 대부분의 사람은 '확신이 생긴 후'에 움직인다. 세상에서 가장 위험한 시점은 대부분이 '이젠 안전하다'고 말할 때다. 이 작은 타이밍의 차이가, 부와 평범함을 가른다.

정보가 많아질수록, 판단은 오히려 늦어진다. 너무 많은 선택지가 오히려 결정을 방해하고, 확신을 기다리다가 기회를 놓친다. 그리고 더 중요한 건 어차피 그 많은 정보 중 정답지는 없다는 것이다.

실제로 행동경제학에서는 이를 '선택 마비(Choice Paralysis)'라고 부른다. 선택지가 많아질수록 사람들은 결정을 미루거나 아예 선택하지 않게 된다. 결국 정보의 홍수 속에서 우리는 더 많이 알게 되지만, 더 늦게 움직이게 된다. 정보를 모으는 데 시간을 쓰다가, 정작 기회는 지나가 버린다.

대한민국 사람의 선택 공식

나는 상담에서 이런 말을 정말 자주 듣는다.

"주식이 요즘 좋다던데, 이제 시작해 볼까요?"

"부동산은 이제 좀 안정됐죠?"

"금 값이 오르는 거 같던데, 좀 사 둬야 할까요?"

이건 전형적인 '대중의 선택 패턴'이다. 남들 다 할 때 시작하는 것을 말한다.

예를 들어 보자. 신도시가 개발될 때, 처음 입주하는 사람들은 대부분 자산가다. 그들은 인프라가 완성되기 전에 들어가서 '불편함'과 '불안함'을 감수하는 대신 '미래의 가치'를 얻는다. 주변에 아무것도 없을 때, 길이 비포장일 때, 상권이 전혀 형성되지 않았을 때 그들은 이미 들어가 있다. 하지만 일반 사람들은 '살기 좋아졌다'는 뉴스가 나온 후, 또는 어느 정도 상권이 갖춰진 후 들어온다. 편의점이 생기고, 학교가 들어서고, 지하철이 개통되고 나서야 "이제 괜찮겠다"며 움직인다. 그때는 이미 가격이 오른 뒤다. 그들이 입주할 때, 부자는 매도한다. 이게 바로 부자의 공식이다. "남들이 들어올 때 나가고, 남들이 나갈 때 들어간다." 부자들은 확실해 보일 때 팔고, 불안해 보일 때 산다. 대중은 확실해 보일 때 사고, 불안해질 때 판다. 같은 뉴스를 보지만, 정반대로 움직인다. 뉴스에서 '지금이 기회'라고 말할 때, 부자는 이미 정리하고 있고, 뉴스에서 '위기'라고 말할 때, 부자는 이미 조용히 준비하고 있다.

확신 전에 움직이는 사람들

부자들은 확신이 있어서 움직이는 게 아니다. 불확실함 속에서도 움직이고, 그 과정에서 확신을 만들어간다. 많은 사람이 이렇게 말한다.

"조금 더 공부하고 시작할게요."
"확실해지면 그때 할게요."
"좀 더 돈 모으고 나서 투자할게요."

하지만 그 '조금 더'는 영원히 오지 않는다. 10년이 지나도 자산이 늘지 않는 이유는 지식이 부족해서가 아니다. 지속의 구조가 없기 때문이다. 부자들은 다르게 생각한다.

"지금 시작해서 배우면 되지."

"작게라도 일단 시작하자."

"완벽한 타이밍은 없어. 지금이 가장 빠른 때야."

확신은 행동 후에 온다. 확신이 생겨서 움직이는 게 아니라, 움직이다 보니 확신이 생기는 것이다. 예를 들어, 주식투자를 시작하려는 사람이 있다. 한 사람은 3년 동안 책을 읽고 유튜브를 보며 '완벽하게 준비'하려 한다. 다른 사람은 기본 지식을 익힌 후 10만 원으로 작게 시작한다. 3년 후, 누가 더 많은 경험과 실력을 갖게 될까? 답은 명확하다.

작게라도 시작한 사람은 3년간 수십 번의 매매를 경험하며 시장의 흐름을 체감했다. 실수도 했지만, 그 실수에서 배웠다. 반면 완벽을 기다린 사람은 여전히 "이제 시작해 볼까?" 고민 중이다. 확신을 기다리는 동안, 다른 사람은 이미 확신을 만들고 있었다.

2020년, 기회라 믿었던 사람들의 현실

2019~2020년 시작된 코로나 시기 경기는 급격히 나빠지기 시작했고, 대한민국의 기준금리는 0.5%, 제로에 가까운 사상 초유의 초저금리였다. 그 시점에 대부분은 이렇게 생각했다.

"이건 기회다. 지금이 집 살 타이밍이다."

그 말이 완전히 틀린 건 아니었다. 문제는 '왜, 어떻게 사는가'였다.

저금리를 기회로 본 사람들은 대부분 "지금 아니면 평생 못 산다"는 불안감에 사로잡혀 있었다. 결국 수많은 사람이 "이 정도면 감당 가능하지 않을까?"라는 생각 하나로 월 납입 금액만 보고 변동금리로 대출을 받았다. 통계만 봐도 2020년~2021년도의 전국 주택 거래 건수 자체도 역대 최고 건수를 기록했다.

그런데 불과 몇 년 만에 기준금리는 네 배 이상 상승했다. 변동금리 대출은 폭탄이 되어 돌아왔고, 지금의 부동산 경매 시장이 그 결과를 보여 준다. '좋은 시절'에 빚을 낸 사람은, 금리의 반격을 감당하지 못한다.

만약 그때 "지금은 사야 할 때가 아니라 배워야 할 때"라고 생각했다면, 혹은 부담되더라도 고정금리를 택했다면, 지금 그들은 훨씬 자유로웠을 것이다. 부자는 불안할 때 공부하고, 대중은 확신할 때 산다. 결국 부는, 감정의 시간차에서 결정된다.

흥미로운 건, 같은 시기에 정반대로 움직인 사람들도 있었다는 점이다. 그들은 "모두가 사려고 할 때"를 경계했다. 오히려 금리 상승 가능성을 염두에 두고 고정금리를 선택하거나, 아예 매수를 미루고 공부에 집중했다. 그리고 지금, 그들은 오히려 기회를 기다리고 있다.

반대의 선택은 용기가 아니라 습관이다

무작정 모든 걸 반대로 하라는 게 아니다. 그리고 부자들은 특별한 통찰력이 있어서도 아니다. 그들은 단순히 '반대의 선택'을 습관처럼 훈련한다.

부자들은 모두가 겁낼 때 공부한다. 모두가 달려들 때 멈춘다. 모두가 쉬고 있을 때 준비한다. 이건 용기가 아니라 감정 통제의 기술이다. 남들과 같은 뉴스를 보고도, 다르게 해석하는 사람들. 그게 바로 부자다.

그렇다면 어떻게 훈련할 수 있을까?

첫째, 뉴스를 반대로 읽어라

"지금이 기회"라는 뉴스가 나오면 "너무 늦었나?"를 질문하라. '위기'라는 뉴스가 나오면 "준비할 기회?"로 생각하라. 뉴스는 대중의 감정을 대변한다. 그 감정의 반대편에 기회가 있다.

둘째, 대중의 반대편에 서 보라

모두가 사려고 할 때는 팔 준비를 하고, 모두가 팔려고 할 때는 살 준비를 하라. 이건 단순한 역발상이 아니라, 시장의 흐름을 읽는 훈련이다. 대중의 움직임이 가격을 만들고, 그 가격이 정점에 이르렀을 때가 바로 전환점이다.

셋째, 확신을 의심하라

너무 확실해 보일 때가 가장 위험하다. 불안할 때가 오히려 기회일 수 있다. 시장이 "이제 안전하다"고 말할 때, 정작 위험이 쌓이고 있을 가능성이 크다. 반대로 시장이 "위험하다"고 말할 때, 이미 많은 리스크가 가격에 반영되어 있다.

반대의 선택이란 결국 이것이다. 남들 목소리가 아닌, 내 기준으로 사는 것. 그 기준이 명확해지는 순간, 당신은 이미 다르게 움직이고 있을 것이다.

> **정프로의 한마디**
>
> 사실 우리는 '사야 할 이유'보다 '사지 않으면 안 될 것 같은 불안'에 더 많이 움직입니다. 부자가 되는 건 남들보다 빨리 사는 게 아닙니다. 남들 목소리가 아닌, 내 기준으로 사는 것. 대중이 확신할 때는 이미 늦었습니다. 남들이 두려워할 때 움직이는 연습을 하세요.

Q 정보는 많은데 왜 못 벌까?

A 정보가 많을수록 판단은 늦어진다. 선택 마비다. 3년 동안 유튜브 보며 공부한 사람과 10만 원으로 작게 시작한 사람, 3년 후 실력은 비교 불가다. 정보는 행동의 핑계가 된다.

Q 신도시 첫 입주자는 왜 부자일까?

A 불편함을 감수하기 때문이다. 길이 비포장이고 편의점도 없을 때 들어간다. 일반인은 지하철 개통되고 학교 생기면 "이제 괜찮다"며 들어온다. 그때는 이미 가격이 2배다. 부자는 불안을 사고, 대중은 확신을 산다.

Q 확신 없이 어떻게 시작하나?

A 확신은 행동 후에 온다. 3년 공부하고 시작할 사람은 10년 뒤에도 공부 중이다. 10만 원으로 작게 시작한 사람은 3년 간 수십 번 매매하며 확신을 만든다. 완벽한 타이밍은 없다. 지금이 가장 빠른 때다.

Q 뉴스를 반대로 읽는다는 게 뭔가?

A "지금이 기회"라는 뉴스가 나오면 "너무 늦었나?"를 물어라. '위기'라는 뉴스가 나오면 "준비할 기회?"로 생각하라. 뉴스는 대중의 감정이다. 감정의 반대편에 기회가 있다.

Q 반대로 하면 무조건 맞나?

A 아니다. 무작정 반대가 아니라 '내 기준'으로 판단하는 것이다. 남들이 사니까 사고, 남들이 파니까 파는 게 아니라 내가 감당할 수 있는 선에서 내 판단으로 움직여라. 반대의 선택은 용기가 아니라 습관이다.

6장

자본주의 시스템에서 적금의 한계

"자본주의는 구조의 게임이다. 이 구조를 모르면, 평생 노동만 남는다."

자본주의사회 구조 – 세 개의 축

자본주의의 삼각 구조는 단순하다. 노동자(소비자) – 은행 – 기업. 이 세 축이 서로의 역할을 수행하며 하나의 순환 구조를 만든다.

먼저 노동자는 자신의 노동력을 팔아 소득을 얻는다. 그 소득으로 소비하고, 남는 돈을 저축한다. 하지만 그 저축은 '멈춰 있는 돈'이다. 통장에 들어간 순간, 그 돈은 더 이상 당신을 위해 일하지 않는다.

은행은 노동자가 맡긴 저축을 모아 거대한 자본을 만든다. 그 자본을 '대출'이라는 이름으로 기업과 개인에게 빌려준다. 이때 이자 차이(예: 예금 3%, 대출 7%)로 막대한 이익을 얻는다. 요즘 시대 은행의 수익 사업은 전통적인 이자 수익에서 벗어나, 여러 투자 및 신탁, 디지털 자산 관리 등으로 빠르게 전환되고 있다.

기업은 은행의 자금을 이용해 생산, 투자, 고용을 늘린다. 그 결과 새로운 상품과 서비스를 만들고, 다시 노동자에게 판매한다. 노동자는 소비자로 돌아가 그 상품을 구매한다.

이 시스템 안에서 돈은 계속 돌지만, 부는 위로만 흐른다. 노동자는 월급을 받고, 은행은 이자를 받고, 기업은 이익을 챙긴다. '돈이 도는 시스템' 속에서 '일하는 사람'만이 제자리에 머문다. 왜 그럴까? 은행과 기업은 '돈을 굴리는 시스템'을 이미 만들어뒀고, 노동자는 여전히 '돈을 버는 방식'에 머물렀기 때문이다. 같은 시간이 흘러도, 한쪽은 자산이 불어

나고, 한쪽은 월급만 반복된다. 이것이 자본주의 피라미드의 본질이다.

은행의 스탠스: 당신은 자금 공급자다

은행은 늘 "고객의 자산을 안전하게 지켜드립니다"라고 말한다. 하지만 그 '안전'의 본질을 들여다보면, 당신의 돈으로 은행이 더 큰 돈을 벌고 있는 시스템임을 알 수 있다.

은행의 수익 구조는 단순하다.

예금 금리 3%, 대출 금리 7%, 차이 4%가 은행의 이익

예를 들어, 당신이 은행에 정기예금으로 1,000만 원을 맡긴다면, 은행은 그 돈을 즉시 대출로 굴려 연 7%를 받는다. 그리고 당신에게는 그중 3%만 나눠 준다. 이 차이 4%가 은행의 '무위험 수익'이다.

더 충격적인 건, 규모다. 만약 100명이 각각 1,000만 원씩 예금으로 맡긴다면? 은행은 총 10억 원을 굴릴 수 있다. 연 7% 대출 이자로 7,000만 원 수익을 올리고, 예금 고객에게 3% 지급하는 3,000만 원을 제외하면 은행의 순수익은 4,000만 원이다.

당신은 1년에 30만 원 받고 기뻐하는데, 은행은 당신과 같은 100명의 돈으로 4,000만 원을 번다.

연 3% 예금 이자를 받으면 '안전하게 불렸다'고 생각하지만, 그 순간 은행은 당신 돈으로 7%를 벌고 있다. 당신의 저축은 은행의 자산이다. 은행은 절대 잠들지 않는다. 당신이 잠든 사이에도, 당신의 돈으로 일하고 있다. 결국 당신의 돈이 다른 사람의 부를 만든다. 당신은 은행의 '고객'이 아니라 '자금 공급자'다.

부는 위로만 흐른다

자본주의의 시스템을 이해하면, 하나의 명확한 진실이 보인다. 부는 항상 위로 흐른다.

노동자는 월급을 받아 생활비로 쓰고, 남은 돈을 은행에 맡긴다. 은행은 그 돈을 모아 기업에 빌려주고, 이자 차익을 남긴다. 기업은 그 자금으로 생산하고, 노동자에게 상품을 판매한다. 노동자는 다시 소비자가 되어 돈을 쓴다. 이 흐름 속에서 노동자는 '일하고 소비'한다. 은행은 '중개하고 수익'을 낸다. 기업은 '생산하고 이익'을 남긴다. 돈은 계속 돌지만, 쌓이는 곳은 위쪽이다.

나는 상담에서 이런 질문을 자주 받는다.

"담당자님, 저는 왜 열심히 사는데도 돈이 안 모일까요?"

그럴 때마다 나는 조용히 답한다.

"당신이 게으르거나 무능해서가 아닙니다. 다만 시스템상, 당신의 위치에서는 돈이 흐를 뿐 쌓이지 않기 때문입니다."

부자들은 이 흐름을 일찍 깨달았다. 그래서 그들은 '노동자' 위치에 머물지 않는다. 노동자에서 투자자로, 소비자에서 생산자로, 저축자에서 자산 보유자로 이동한다. 한 계단만 올라가도, 돈의 흐름이 달라진다.

한번은 이런 고객이 있었다. 40대 중반, 대기업 다니는 성실한 직장인. 그는 20년 넘게 적금만 들었다.

"담당자님, 저는 빚도 없고 성실하게 살았어요. 근데 왜 제 통장엔 이것밖에 없죠?"

나는 그에게 이렇게 물었다.

"그동안 적금 외에 다른 자산을 사 보신 적 있으세요?"
"없어요… 무서워서요."

두려움은 이해한다. 하지만 그 두려움이 20년을 멈추게 했다. 시스템을 알면, 두려움이 줄어든다. 시스템을 알면, 선택지가 보인다. 시스템을 알면, 움직임이 시작된다.

은행을 활용하라, 맹신하지 말라

"은행을 믿지 말고, 은행은 은행처럼 생각하세요."

무슨 말일까? 은행은 우리 삶에 필요한 곳이다. 그러나 은행은 당신의 재산을 '보관'해 주고, 돈이 필요할 땐 빌려주는 곳이지, 불려 주는 곳은 아니다.

그래서 은행은 은행처럼 생각하라는 말은 은행이 당신의 돈으로 돈을 벌고 있다면, 당신도 당신의 돈으로 '일할 기회'를 만들어야 한다는 뜻이다.

부자들은 은행을 '도구'로 사용한다. 대출을 '빚'이 아닌 '레버리지'로 본다. 이자를 '손해'가 아닌 '투자의 연료'로 쓴다. 예금은 '보관'이 아니라 '자금 대기실'로 사용한다.

반면, 사람들은 은행을 '보호자'로 믿는다. 대출을 두려워하고, 예금을 성취로 여기며 이자를 얻는 걸 '성공'이라 착각한다. 같은 상품을 두고도, '은행을 이용하는 사람'과 '은행에 이용당하는 사람'의 차이는 바로 이 생각에서 나온다.

예를 들어 보자.

서민의 사고방식

"대출은 무섭다. 빚은 절대 지면 안 돼."
→ 결과: 자산 매입 기회를 놓치고, 평생 월급으로만 산다.

부자의 사고방식

"대출은 도구다. 내가 감당 가능한 선에서 자산을 먼저 확보한다."
→ 결과: 자산 가격 상승으로 이익을 얻고, 이자는 '투자 비용'으로 본다.

은행을 맹신하면 평생 3% 이자에 만족하게 된다. 은행을 활용하면, 레버리지로 자산을 키울 수 있다. 중요한 건, 은행은 적도 아니고 친구도 아니라는 것.

그저 '도구'일 뿐이다.

구조를 아는 순간, 선택이 달라진다

자본주의는 잔인하다고 하지만 그 동시에 공정하다. 모두에게 같은 룰을 준다.

"당신의 돈이 일하지 않으면, 당신이 평생 일해야 한다."

부자들은 그 룰을 일찍 깨달았다. 그래서 '노동'보다 '자본'을 키운다. 적금을 선택하지 않고, 흐름과 방향을 설계한다. 노동자에서 생산자로, 생산자에서 투자자로, 한 단계만 올라서도 세상은 전혀 다르게 보인다.

그렇다면 어떻게 시작할 수 있을까?

첫째, 적금 비중을 줄여라

저축의 50% 이상을 적금에만 두지 마라. 나머지는 '일할 수 있는 돈'으로 전환하라. 통장에 멈춰 있는 돈은 당신을 위해 일하지 않는다.

둘째, 은행을 도구로 활용하라

대출을 무조건 피하지 마라. 저금리 대출로 자산을 사는 전략도 있다. 단, 감당 가능한 선에서. 대출이 두려운 게 아니라, 계획 없는 대출이 위험한 것이다.

셋째, 돈이 일하게 만들어라

주식, 펀드, 부동산, 사업 등 내 노동 없이도 돈이 움직이는 시스템을 만들어라. 작게라도 시작하라. 10만 원이든 100만 원이든, 중요한 건 '시작'이다.

시스템을 아는 순간, 두려움이 줄어든다. 시스템을 아는 순간, 선택지가 보인다. 시스템을 아는 순간, 움직임이 시작된다.

정프로의 한마디

"안전한 길이 가장 위험할 수 있습니다." 다들 열심히 사신 건 맞습니다. 다만, 구조를 몰랐을 뿐이죠. 자본주의는 '노력'을 보상하지 않습니다. '구조'를 이해한 사람을 보상합니다. 적금만으로는 자산가가 될 수 없습니다. 적금 비중을 줄이고 돈이 일하게 만드세요.

Q 왜 월급은 늘 제자리일까?

A 자본주의는 세 축으로 돈다. 노동자는 일하고 소비한다. 은
행은 중개하고 수익 낸다. 기업은 생산하고 이익 남긴다. 돈
은 계속 돌지만 쌓이는 곳은 위쪽이다. 노동자 위치에서는
흐를 뿐 쌓이지 않는다.

Q 은행 예금 3%, 괜찮은 거 아닌가?

A 그 순간 은행은 당신 돈으로 7% 번다. 차이 4%가 은행 수
익이다. 100명이 각각 1,000만 원 맡기면 은행은 10억 원
을. 굴려 순수익 4,000만 원을 번다. 당신은 30만 원 받고
기뻐한다. 당신은 고객이 아니라 자금 공급자다.

Q 성실하게 적금만 들었는데 왜 부자가 되지 못했을까?

A 게으르거나 무능해서가 아니다. 시스템상 적금은 멈춰 있
는 돈이다. 통장에 들어간 순간 더 이상 일하지 않는다. 부
자는 노동자에서 투자자로, 저축자에서 자산 보유자로 이

동한다. 한 계단만 올라가도 흐름이 달라진다.

Q 대출은 무조건 나쁜 거 아닌가?

A 계획 없는 대출이 위험한 것이다. 부자는 대출을 '레버리지'로 본다. 감당 가능한 선에서 자산을 먼저 확보하고, 이자는 투자 비용으로 생각한다. 서민은 대출 두려워하다가 기회를 놓치고 평생 월급으로만 산다.

Q 은행을 어떻게 활용하나?

A 맹신하지 말고 도구로 써라. 예금은 자금 대기실, 대출은 레버리지, 이자는 투자 연료다. 은행을 믿으면 평생 3%에 만족한다. 은행을 이용하면 자산을 키운다. 은행은 적도 친구도 아니다. 도구일 뿐이다.

7장

행동을 돈으로 바꾸는 재무루틴

"부자와 평범한 사람의 차이는 IQ가 아니라 루틴이다."

지식은 행동으로 연결되지 않으면 그냥 '정보'일 뿐이다.

부자가 되는 건 많이 아는 게 아니라, 작은 행동을 반복하는 것이다.

돈을 보는 눈부터 키워라

재무 관리의 시작은 거창한 투자 지식이 아니다. '내 돈이 어디로 가는지 보는 눈'에서 시작된다. 대부분의 사람은 월급이 들어오면 이렇게 생각한다.

"이번 달 월급 300만 원! 카드값 막고, 생활비 쓰고, 남으면 모아야지."

하지만 월말이 되면 늘 이렇게 말한다.

"어? 돈이 어디 갔지?" 이유는 간단하다. 돈의 흐름을 보지 않았기 때문이다. 어떤 사람은 "이번 달 100만 원 썼네. 대충 비슷하게 쓰는 것 같은데? 뭐 특별히 산 것도 없는데 돈이 없네"라고 말한다.

반면 돈을 보는 사람은 "배달비 30만 원, 카페 15만 원, 택시 10만 원. 배달이 제일 크네. 이번 달은 20만 원으로 줄여볼까? 카페는 주 2회만, 나머지는 집에서"라고 구체적으로 분석한다. 똑같은 소비를 해도, 보는 사람은 다음 달을 바꿀 수 있다. 재무 상담을 하다 보면 이런 분들을 만난다.

"저 진짜 아무것도 안 샀는데 돈이 없어요."

그럴 때 나는 지난달 카드 내역을 함께 본다. 그러면 100%

이렇게 말한다.

"헐… 제가 이렇게 썼네요?"

놀랍게도, 대부분의 사람은 자기 돈을 모른다. 보지 않으면 바꿀 수 없다. 돈을 보는 눈, 그게 재무 습관의 첫 단계다.

재무관리가 헬스 PT와 같은 이유

몸이 한 번에 만들어지지 않듯, 재무도 단기간에 완성되지 않는다. 많은 사람이 헬스장에 등록하지만 작심삼일로 끝난다. 그런데 PT를 받으면 달라진다. 왜일까? PT는 단순히 '운동을 가르쳐 주는 것'이 아니다. 당신의 몸 상태를 분석하고, 목표에 맞춰 설계하는 것이다.

PT를 시작하면 제일 먼저 하는 게 뭘까? 인바디 측정이다.

체중 70kg, 체지방률 25%, 골격근량 28kg, 내장지방 레벨 10

트레이너는 이 숫자를 보며 말한다.

"현재 상황은 파악됐습니다. 그럼 언제까지, 어떤 것을 목표로 하시나요?"

이 질문에 고객들은 여러 가지 목표를 이야기한다.

"3개월 후 바디프로필 찍고 싶어요."
"최대한 빠르게 10kg 감량하고 싶어요."
"근육을 키우고 싶어요."

바디프로필 용도, 다이어트, 벌크업 등 저마다의 목표에 따라 처방이 달라진다. 같은 70kg이라도, 목표가 다르면 운동량도, 식사 조절도 완전히 달라진다.

재무 관리도 똑같다. 재무 상담을 시작하면 제일 먼저 하는 게 뭘까? 현금 흐름 분석이다.

월수입 300만 원, 고정지출 150만 원, 변동지출 100만 원, 저축 50만 원

현재 현금흐름을 파악 후 다시 목표를 묻는다.

"그럼 언제까지, 얼마를 목표로 하시나요?"
그러면 자신의 상황에 맞는 여러 대답이 나온다.

"3년 안에 결혼자금 모으고 싶어요."
"노후 자금 준비하고 싶어요."
"빚부터 갚고 싶어요."

목표를 이야기해야 목표에 따라 저축과 소비 비율이 달라진다.

3년 후 결혼자금 목표 (3천만) → 저축률 50% + 소비 최소화

노후 자금 목표(30년 장기) → 저축률 30% + 장기 투자 비중 확대

빚 청산 목표 → 저축률 20% + 부채 상환 최우선

같은 300만 원의 월급이라도, 목표가 다르면 돈의 흐름이 완전히 달라진다.

자산을 사는 연습

돈을 모으는 것보다 중요한 건 돈이 자산으로 전환되는 경험을 만드는 것이다. 많은 사람이 "저는 돈이 없어서 투자 못 해요", "좀 더 모으고 나서 할게요"라고 말한다. 하지만 돈은 없을 때부터 자산을 사는 연습을 해야 한다.

자산을 산다는 건 꼭 수억짜리 부동산을 사는 게 아니다. 월 10만 원으로 ETF 하나 사는 것도 자산 매입이다. 중요한 건 '사는 행위' 그 자체다.

소비와 자산 매입의 차이

소비는 쓰는 순간 가치가 사라진다.

5만 원짜리 옷은 입는 순간 중고 가치 1만 원이 되고, 3만 원 배달 음식은 먹는 순간 0원이 된다. 6만 원 술자리는 다음 날 숙취와 후회만 남긴다. 이게 바로 수익률 마이너스 100%

짜리 투자다.

자산은 시간이 지나도 가치가 남거나 증가한다.

10만 원 ETF는 시간이 지나면 12만 원, 15만 원이 될 수 있다. 50만 원짜리 책과 강의는 지식으로 평생 자산이 된다. 30만 원 주식은 배당과 성장 가능성을 가진다.

소비는 즉각적인 만족을 준다. 자산은 지연된 보상을 준다. 부자들은 지연된 보상을 선택하는 연습을 일찍 시작했다.

한번은 이런 고객이 있었다. 그는 매달 월급의 10%를 '자산 매입 연습비'로 썼다. 처음엔 월 20만 원으로 ETF를 샀다. 손해도 보고, 수익도 봤다. 하지만 1년이 지나자, 그는 이렇게 말했다.

"이제 뭘 사야 할지 감이 와요. 그때 그 20만 원이 지금의 1,000만 원 투자를 가능하게 했어요." 자산을 사는 연습은 금액이 아니라 '감각'을 키우는 과정이다.

실전 재무 루틴: 기록, 자동화, 성장지표, 학습비

1. 기록 루틴 – "돈의 흐름을 시각화하라"

매주 일요일 저녁 30분, 지난주 지출을 3줄로 요약하라. "배달 4회, 총 12만 원", "쇼핑 2건, 총 8만 원", "택시 5회, 총 6만 원". 이렇게 보는 것만으로도 다음 주가 달라진다.

기록의 힘은 단순하다. 보지 않으면 모른다. 모르면 바꿀 수 없다. 하지만 매주 30분만 투자해서 내 소비 패턴을 보면, 자연스럽게 다음 주에는 "이번 주는 배달 2회만"이라는 생각이 든다. 의지가 아니라 인식이 행동을 바꾸는 것이다.

2. 자동화 루틴 – "감정을 차단하라"

월급날 당일, 저축 자동이체(월급의 20%), 투자 자동이체(월급의 10%), 고정비 자동이체(보험, 통신비 등)를 설정하라. 의지에 맡기지 않기 위해서다.

자동화는 '할까 말까'의 고민을 없앤다. 월급 들어오면 자동으로 돈이 흘러간다. 그 순간부터 당신은 '남은 돈으로 사는 사람'이 된다. 감정이 개입할 여지를 없애는 것, 그게 자동화의 본질이다.

3. 성장지표 루틴 – "통장 잔액이 아니라 누적액을 보라"

분기별(3개월마다) 순자산을 계산하라. 자산에서 부채를 뺀 금액, 저축률(저축액÷총수입), 목표 대비 달성률을 확인하라. 숫자로 보면 동기부여가 된다.

예를 들어 2024년 1월에 순자산이 500만 원이었다가, 4월에 800만 원(+300만 원), 7월에 1,200만 원(+400만 원)으로 늘어나는 걸 보면 습관이 굳어진다. 이렇게 쌓이는 걸 보면, 시스템이 작동하고 있다는 확신이 생긴다.

4. 학습비 루틴 – "돈 공부에 투자하라"

월 1회, 월급의 1~3%를 자기계발에 투자하라. 책 1권, 온라인 강의 1개, 유료 세미나 참석. 투자 감각은 공부로 키워진다.

많은 사람이 "돈 모아서 투자할게요"라고 말하지만, 정작 투자 공부는 안 한다. 돈을 모으는 동안, 실력도 함께 키워야 한다. 월 5만 원의 학습비가 5년 후 5,000만 원의 판단을 만든다.

　이런 작은 패턴들이 쌓이고, 돈을 바라보는 관점이 바뀌기 시작하면 이제는 '혼자만의 생각'에서 벗어나 주변의 전문가의 조언을 받아보는 것도 훌륭한 출발이다. 시장의 방향, 세제 혜택, 금융 상품의 구조는 혼자 공부로는 한계가 있으니까. 때로는 전문가의 한마디가, 당신이 '부(富)럽(LOVE)'으로 가는 길에서 1년을 단축시켜 준다.

정프로의 한마디

재테크는 의지의 문제가 아닙니다. 루틴이 통장을 바꿉니다. 지금 캘린더에 표시하세요. '매주 일요일 저녁 8시, 주간 지출 점검' 부자는 타고난 게 아니라면 후천적으로는 철저히 나의 '선택'으로 만들어집니다. 대단히 큰 결심이 아니라 작은 실행이 쌓여서 완성된다는 걸 잊지 마세요.

Q   재무 관리와 헬스 PT의 공통점은?

A   인바디 측정하듯 현금흐름 분석이 먼저다. 몸무게가 70kg
이어도 바디프로필 vs 벌크업 목표가 다르면 처방이 다르
다. 월급 300만 원이라도 3년 후 집 계약금 vs 30년 후 노
후 자금 목표가 다르면 저축률이 완전히 달라진다.

Q   투자할 돈이 없는데 어떻게 시작할까?

A   자산 매입은 금액이 아니라 감각을 키우는 과정이다. 월 10
만 원으로 ETF를 사는 것도 자산 매입이다. 월 20만 원으
로 2년간 연습한 사람은 "이제 시장이 보인다"며 1,000만
원 투자로 확장한다. 돈 모으는 동안 투자 감각도 함께 키워
야 한다.

Q   소비랑 자산 매입의 본질적 차이는?

A   시간이 지난 후의 가치다. 소비는 쓰는 순간 가치가 사라진
다. 5만 원 옷은 입는 순간 중고 1만 원, 3만 원 배달은 먹는

순간 0원이 된다. 자산은 시간이 지나도 가치가 남거나 증가한다. 10만 원 ETF는 15만 원이 되고, 50만 원 강의는 평생 자산이 된다. 즉각적 만족과 지연된 보상 중 무엇을 선택하는가의 차이다.

Q 4가지 루틴이 정말 통장을 바꿀 수 있을까?

A 시스템이 의지를 이긴다. 기록 루틴(주 1회 30분 지출 점검)은 인식을 바꾼다. 자동화 루틴(월급날 자동이체)은 감정 개입을 차단한다. 성장지표 루틴(분기별 순자산 계산)은 숫자로 동기를 만든다. 학습비 루틴(월급의 1~3% 공부)은 월 5만 원이 5년 후 5,000만 원 판단력을 만든다. 완벽하게 하려 하지 말고 꾸준히 해라.

Q 지금 당장 무엇부터 시작해야 할까?

A 캘린더에 표시하는 것부터다. "매주 일요일 저녁 8시, 재무점검". 거창한 결심이 아니라 작은 실행이 쌓여 부자가 된다. 주 1회 10분만 투자해도 1년 후엔 완전히 다른 통장을 보게 된다. 부자는 타고나는 게 아니라 루틴으로 만들어진다.

3부

지금
움직이는 사람이
부를 갖는다

"돈을 모으는 사람들은 감정을 통제하려 하지 않는다. 대신 시스템으로 통제한다. 자동이체, 목표 금액, 예산 분리 같은 '기계적 구조'를 만들어 감정이 개입될 여지를 줄인다."

8장

월급 설계가 부의 시작이다

"흐름을 설계하는 순간, 돈은 멈추지 않는다."

돈의 흐름은 도로 설계와 같다

당신의 월급은 지금부터 자동차다. 도로가 없으면 차들이 어디로든 갈 수 있다. 그러다 보면 혼잡하고, 사고가 나고, 목적지에 제대로 도착하지 못한다. 하지만 도로가 명확하면? 차들은 정해진 길로만 움직인다. 신호등이 있고, 차선이 있고, 방향이 명확하다.

월급도 똑같다. 월급이 하나의 통장에 들어오면, 돈은 '어디든 갈 수 있는 상태'가 된다. 오늘은 배달, 내일은 쇼핑, 모레는 술자리. 명확한 경계가 없으니, 감정에 따라 돈이 흐른다.

하지만 월급을 나누는 순간, 돈에는 '역할'이 생긴다. 이 돈은 생활비, 이 돈은 저축, 이 돈은 투자. 각자의 길이 정해지면, 돈은 감정이 아니라 구조에 따라 움직인다. 월급을 한 통장에 두는 건, 모든 차를 한 도로에 몰아넣는 것과 같아서 당연히 막히고, 사고도 나고, 목적지에 못 가게 될 것이다.

이제부터 해야 할 일은 간단하다. "돈이 흘러갈 도로를 깔아 주는 것." 도로가 있어야 교통이 통제되듯, 통로가 있어야 돈이 통제된다.

월급의 세 가지 흐름
월급은 크게 3가지 역할로 나눌 수 있다.

1. 고정지출 – 매달 정해진 돈
매달 같은 날짜에, 같은 금액이 나가는 돈이다. 예측 가능하고, 통제하기 쉽다. 월세와 관리비, 통신비, 보험료, 구독 서비스, 대출 이자, 할부금이 여기 해당한다. 금액이 고정되어 있어 예산 짜기 쉽고 자동이체로 관리 가능하지만, 줄이려면 계약 변경이 필요하다.

고정지출은 월급의 30~40%를 넘지 않게 하라. 고정지출이 50%를 넘으면, 변동지출과 미래지출을 압박한다. 나는 상담에서 고정지출이 50%를 넘는 고객을 만나면, 가장 먼저 이것부터 줄인다. 불필요한 구독 서비스 해지, 통신비 요금제 변경, 보험 재설계 등. 고정지출은 한 번 줄이면, 매달 자동으로 줄어든다.

2. 변동지출 - 매달 달라지는 돈

매달 금액이 달라지는 지출이다. 가장 통제하기 어렵지만, 가장 즉시 줄이기 쉬운 항목이기도 하다. 식비, 교통비(택시, 주유비), 외식비, 카페, 쇼핑, 문화생활, 경조사비가 여기 속한다. 이런 항목들은 감정에 좌우되고 통제가 어렵지만, 마음먹으면 즉시 줄일 수 있다.

변동지출은 월급의 30~40% 안에서 관리하라. 변동지출이 통제되지 않으면, 월말에 항상 돈이 부족하다. 한 달 예산을 정하고, 체크카드로만 살아 보자. 잔액이 보이면 자연스럽게 조절된다.

3. 미래지출 – 오늘 쓰지 않는 돈

지금 당장 쓰지 않고, 미래를 위해 남겨두는 돈이다. 이 돈이 쌓여야 자산이 된다. 적금, 투자, 비상금, 목돈 마련, 노후준비가 여기 해당한다. 지금은 안 써도 되지만 나중에 반드시 필요하고, 이 돈이 있어야 '선택권'이 생긴다.

미래지출은 월급의 최소 20%, 목표는 30% 이상이다. 미래지출이 없으면, 평생 월급으로만 산다. 미래지출이 쌓이면, 언젠가 '돈이 나를 위해 일하는 날'이 온다. 미래지출은 자동이체로 먼저 빼라. 그러면 나머지 돈으로 살게 된다.

세 가지 흐름의 우선순위

대부분의 사람은 이렇게 쓴다.

고정지출 → 변동지출 → 남으면 저축

하지만 부자들은 반대로 한다.

미래지출 → 고정지출 → 남은 돈으로 변동지출

1순위는 월급 들어오자마자 자동이체로 빠지는 미래지출이고, 2순위는 정해진 날짜에 자동 빠지는 고정지출이며, 3순위가 남은 돈으로 생활하는 변동지출이다. 순서를 바꾸는 것만으로도 통장이 달라진다.

50:30:20 법칙

많은 재테크 서적에서 50:30:20 법칙을 제시하지만, 나는 상담 현장에서 가장 현실적이고 효과적인 비율을 발견했다. 바로 '35:40:25'다.

고정(필수) 35% : 변동(자율) 40% : 미래(저축·투자) 25%

이 비율이 왜 중요할까?

35% 고정지출

고정지출이 너무 적으면 월세, 보험 등 필수 지출을 감당 못 해 생활이 불안정해진다. 반대로 너무 많으면 변동지출과 미래지출을 압박한다. 월급의 절반 이상이 고정지출로 묶이면 자유도가 떨어진다. 적정선은 30~40%다.

고정지출이 40%를 넘으면, 위험 신호다. 나는 상담에서 고정지출이 50%가 넘는 고객을 만나면, 가장 먼저 이것부터 줄인다. 불필요한 보험 해지, 구독 서비스 정리, 통신비 요금제 변경. 고정지출은 한 번 줄이면 매달 자동으로 줄어든다.

40% 변동지출

변동지출이 너무 적으면 삶의 질이 떨어지고 스트레스로 폭발적 소비를 할 가능성이 있다. 반대로 너무 많으면 미래를 준비할 여력이 없고 월말에 항상 부족하다. 적정선은 35~45%다.

변동지출은 삶의 질과 직결된다. 너무 쪼면 오히려 반동으로 폭발적 소비를 하게 된다. 하지만 50%를 넘으면, 미래지출을 할 여력이 없어진다. 변동지출은 40% 안에서 죄책감 없이 자유롭게 써라. 대신 40%를 넘으면, 그 순간 멈춰라.

25% 미래지출

미래지출이 너무 적으면 자산이 쌓이지 않아 10년 후에도 월급으로만 생활한다. 반대로 너무 많으면 현재가 너무 팍팍해져 지속 불가능하다. 적정선은 20~30%다.

미래지출이 20% 미만이면, 자산 형성이 느리다. 30%를 넘으면 이상적이지만, 현실적으로 어려울 수 있다. 노후가 보장된 사람들의 평균 미래지출 비율은 30% 이상이다. 그들은 미래를 위해 현재를 조금 포기한다.

실전 예시: 월급 300만 원

기본형(35:40:25)을 월급 300만 원에 적용하면 다음과 같다.

고정지출 105만 원

월세 60만 원 + 통신비 7만 원 + 보험료 20만 원 + 구독 서비스 3만 원
+ 대출 이자 15만 원

변동지출 120만 원

식비 50만 원 + 교통비 20만 원 + 외식·카페 30만 원 + 쇼핑·문화 20
만 원

미래지출 75만 원

저축 40만 원 + 투자 25만 원 + 비상금 10만 원

이렇게 나누면, 각 항목의 한도가 명확해진다. "이번 달 외
식비 40만 원 썼네. 변동지출 120만 원 중 이미 70만 원 썼으
니, 남은 50만 원 조심해야겠다." 이게 바로 구조가 주는 통
제력이다.

물론 35:40:25가 모두에게 맞는 건 아니다. 당신의 상황에
맞춰 조정하면 된다. 중요한 건 비율이 아니라, 역할을 나누
는 것 자체다.

통장 3개로 시작하는 실전 관리

"통장을 여러 개 만들면 복잡할 것 같아요."

이런 말을 정말 많이 듣는다. 흔히 재테크 서적이나 유튜브를 보면 "네 개의 통장으로 나눠라"라는 문장을 많이 볼 수 있다. 하지만 상담을 하다 보면, 대부분 그 네 개조차 제대로 관리되지 않는다. 복잡하면 흐름이 막히기 때문이다.

그래서 나는 항상 이렇게 말한다. "처음엔 딱 세 개의 통장으로 시작하세요."

1. 급여 통장 (자동이체 + 신용카드 대금 결제)

이 통장은 모든 돈의 출발점이다. 월급이 들어오면 자동이체로 나머지 통장으로 분배되고, 신용카드 결제 계좌로도 연결한다.

신용카드 사용량은 한도 대비 10~30% 수준으로 관리하고, 가능하다면 고정적으로 계산될 수 있는 관리비, 통신비 등 고정지출 항목만 자동이체로 걸어두자. 신용카드는 소비 수단이 아니라 결제 편의 수단이다. 급여 통장은 머무는 곳이 아니라, 돈이 흘러가는 출발점이다.

2. 지출(소비) 통장 – 지출의 메인카드

가능하면 체크카드로 사용한다. 생활비, 교통비, 식비 등 변동지출은 이 통장 하나로만 관리한다. 잔액이 눈에 보이면 자연스럽게 '소비 감각'이 생긴다.

한 달 지출 상한선을 미리 정하라(예: 50~70만 원). 신용카드가 아닌 체크카드를 사용하면 '감정 소비'를 줄이는 가장 쉬운 방법이다. 잔액이 눈에 보이면, 소비가 조절된다.

3. 비상금 통장 – 통제력 훈련용 통장

비상금은 단순히 위기 대응용이 아니다. '돈을 옮길 줄 아는 연습'이다.

최소 내 월급의 1배 수준을 목표로 쌓고, 다른 은행으로 개설해 '손이 덜 가는 곳'에 두자. 자동이체 대신 직접 옮기며 감각을 익히자. 비상금 통장은 당신의 심리적 안전벨트다.

실전 예시: 월급 300만 원

월급날, 급여 통장에 300만 원이 입금되면 자동이체가 실행된다.

미래지출 75만 원(25%)

지출 통장 120만 원(40%)

급여 통장 잔액 105만 원(35%) - 고정지출용 (월세, 통신비, 보험료 등)

지출 통장 사용

식비, 교통비, 카페 등 변동지출을 체크카드로 연결해 사용하며 잔액을 확인하며 소비를 조절한다. 한 달 한도 120만 원 안에서 자유롭게 쓰되, 넘으면 멈춘다.

미래지출 세부 배분 (75만 원)

적금 30만 원

투자 30만 원

비상금 15만 원

비상금 통장에는 지출 후 남은 금액도 +@로 옮겨 두고 월급여 정도의 금액이 쌓이면, 이후 비상금으로 넣던 금액을 투자로 전환해 투자 비중을 올려도 좋다.

현금 지출 연습법

만약 앞의 내용들이 당장 시작하기 너무 어려운 사람이라면 통장의 현금을 출금해 현금 지출을 해 보자. 결제를 위해 카드를 내면 카드가 돌아오지만, 지폐를 내면 지폐의 색깔이 바뀌고, 개수가 바뀌어 돌아오기 때문에 직관적으로 돈을 썼다는 걸 느낄 수 있다.

한 주 생활비를 현금으로 출금해(예: 15만 원) 지갑에 넣고 일주일간 사용한다. 그리고 남은 금액을 확인해 다음 주 예산을 조정한다. 현금은 거짓말을 하지 않는다. 카드는 '미래의 나'에게 떠넘기지만, 현금은 '지금의 나'에게 묻는다.

정프로의 한마디

돈 쓰는 게 줄어든 것 같지 않은데 통장에 돈이 쌓인다. 이게 구조의 힘입니다. 한 통장에 모든 걸 담으면 돈은 목적지를 잃고, 감정이 운전대를 잡습니다. 당신이 돈의 운전자가 되어 보세요. 통장을 나누는 순간, 당신의 돈은 비로소 '역할'을 갖게 됩니다.

Q 월급이 한 통장에 있으면 왜 안 될까?

A 도로 없는 자동차와 같다. 어디든 갈 수 있으니 혼잡하고 사고 나고 목적지도 못 간다. 월급도 한 통장에 있으면 감정에 따라 흐른다. 오늘은 배달, 내일은 쇼핑, 모레는 술자리. 나누는 순간 역할이 생긴다. 이 돈은 생활비, 이 돈은 저축, 이 돈은 투자. 이 같은 구조가 감정을 이긴다.

Q 월급을 어떻게 나눠야 하나?

A 세 갈래로 나눠라. 고정지출(월세, 통신비, 보험료), 변동지출(식비, 카페, 쇼핑), 미래지출(저축, 투자, 비상금). 대부분 고정 → 변동 → 남으면 저축 순서로 쓴다. 부자는 반대다. 미래지출 먼저 자동이체 → 고정지출 → 남은 돈으로 변동지출. 순서만 바꿔도 통장이 달라진다.

Q 35:40:25 법칙이 무엇인가?

A 월급 배분의 황금 비율이다. 고정 35%(필수지출), 변동 40%(자율지출), 미래 25%(저축·투자). 고정이 50% 넘으면 자유도 떨어진다. 변동이 50% 넘으면 미래를 준비 못한다. 미래가 20% 미만이면 10년 후에도 월급으로만 산다. 균형이 핵심이다.

Q 통장 3개면 정말 충분한가?

A 충분하다. 급여 통장(돈의 출발점), 지출 통장(체크카드 연결), 비상금 통장(심리적 안전벨트). 급여 통장은 머무는 곳이 아니라 흘러가는 곳이다. 지출 통장은 잔액이 보이니 소비가 조절된다. 비상금 통장은 월급의 1배 정도 쌓으면 그 후 선택권이 생긴다.

Q 월급 300만 원, 실제로 어떻게 나누나?

A 고정 105만 원(월세 60만 원 + 통신 7만 원 + 보험 20만 원 + 구독 3만 원 + 대출 15만 원). 변동 120만 원(식비 50만 원 + 교통 20만 원 + 외식·카페 30만 원 + 쇼핑 20만 원). 미래 75만 원(저축 40만 원 + 투자 25만 원 + 비상금 10만 원). 한도가 명확해지면 통제가 쉬워진다.

9장

10만 원으로 1억을 만드는 시스템

"부자는 큰돈으로 시작하지 않는다. 작은 돈을 움직이는 법을 먼저 배운다."

작은 돈으로 움직여라

많은 사람은 돈을 모으는 것에 집중한다. "시드가 1억이 되지 않으면 주식투자 할 생각도 하지 마라" 이런 얘기도 종종 듣게 된다. 물론 틀린 얘기는 아니다. 하지만 그렇게 되면 투자를 시작할 수 있는 사회초년생, 2030세대는 누가 있을까? 진짜 부자는 돈이 어떻게 흘러야 하는지를 설계한다.

대부분의 사람이 자산 매입을 미루는 이유는 간단하다. "목돈이 없어서." 하지만 진짜 이유는 다르다. '목돈이 생길 때까지 기다리는 게 안전해 보여서.'

이건 착각이다. 목돈을 기다리는 동안 자산 가격은 오르고, 기회는 지나가며, 감각은 녹슬고, 시간은 사라진다. 반면 작은 돈으로 시작하면 경험이 쌓이고, 실수의 비용이 적으며, 감각이 생기고, 시간을 벌 수 있다. 작은 돈의 힘은 '금액'이 아니라 '시작'에 있다.

예를 들어 보자.
A 씨는 목돈을 기다리는 사람이다.

2020년에 "1,000만 원 모으고 투자해야지"라고 생각했고, 2023년에 드디어 1,000만 원을 달성했다. 그리고 2023년에 처음 투자를 시작했지만, 큰 금액이라 두렵고 실수하면 큰 손실이었다. 2025년 현재, 여전히 투자 초보다.

B 씨는 적은 돈으로 시작한 사람이다.

2020년에 10만 원으로 ETF 1좌를 매수했다. 2021년에는 손실도 보고 수익도 봤다. 2022년에는 감각이 생겨 월 30만 원씩 투자를 시작했고, 2023년에는 원금 800만 원에 평가액 1,000만 원이 되었다. 2025년 현재, 이미 5년 차 투자자로 투자 감각이 있다.

누가 더 유리할까? 목돈은 나중에도 만들 수 있다. 하지만 시간과 경험은 돈으로 살 수 없다.

한번은 이런 고객이 있었다. "담당자님, 저 이번 달 10만 원만 투자해도 될까요? 너무 적은 것 같아서요."

이 고객님만의 생각은 아닐 거다. 10만 원은 실제로 적은 돈일까? 1년이면 120만 원, 5년이면 600만 원이다. 또, 한 달 10만 원이란 돈은 5%짜리 적금에 월 400만 원씩 넣었을 때 받을 수 있는 월 이자다. 그리고 그 5년간 쌓인 투자 감각은? 돈으로 환산할 수 없다. 적은 돈으로 시작하는 게 중요한 건, 금액 때문이 아니다. 크기가 아닌 방향의 중요성, 즉 '움직이는 사람'이 되기 위해서다.

분산은 안정을 사는 기술

투자 초보들이 가장 많이 하는 실수가 있다.

"이거다 싶은 거 하나에 몰빵."
"비트코인이 오른대!"
"이 주식이 대박 난대!"
"부동산은 무조건이야!"

그러다가 한 방에 날린다. 반대로, 부자들은 절대 '한 곳'에만 담지 않는다. 그들은 분산한다.

분산이란 무엇인가? 위험을 나누는 기술이다. 바구니 하나에 계란을 다 담으면, 바구니가 떨어지는 순간 계란이 전부 깨진다. 하지만 바구니 3개에 나눠 담으면, 하나가 떨어져도 나머지는 안전하다.

분산의 원리

만약 당신에게 300만 원이 있다면 다음과 같이 나눈다.

잘못된 방법)

주식 A에 300만 원 올인 → 대박 나면 이득이지만, 망하면 전부 손실

올바른 방법)

주식 100만 원 + 채권 ETF 100만 원 + 금 또는 달러 100만 원 → 주식
이 하락해도 채권이 방어하고, 채권이 하락해도 금이 방어한다. 전체
가 동시에 무너질 확률은 극히 낮다.

분산은 수익을 극대화하는 게 아니라, 손실을 최소화하는
기술이다.

나는 상담에서 이렇게 말한다.

"대박을 노리지 마세요. 잃지 않는 방법을 찾는 것부터 시
작하세요."

분산하면 대박은 어렵다. 하지만 망하지도 않는다. 투자의
목표는 '한 방'이 아니라 '10년 후 자산'이다. 10년 후에도 살
아남은 사람이 이긴다.

월 25만 원으로 시작하는 자산 구조

자산에는 여러 종류가 있다. 각각의 특징을 알아야 당신에게 맞는 자산을 선택할 수 있다.

적은 돈으로 시작할 수 있는 방법을 알아보자.

〈자산 분류별 특징 및 활용 가이드〉

구분	자산 예시	특징 및 활용 포인트
예금·현금성 자산	CMA, 적금, 예·적금, 머니마켓펀드(MMF), 수시입출금 통장	안정성과 유동성이 핵심. 언제든 인출 가능하지만 실질금리는 낮음. '비상금' 혹은 단기자금(3개월~1년)의 보관용으로 적합.
채권·채권형 ETF	국고채, 회사채, KIS국채10년 ETF, 단기채, TLT(미국 장기채) 등	안정형 포트폴리오의 중심. 금리 하락기에 수익, 상승기엔 평가손 가능. 안정성과 분산효과를 모두 챙길 수 있는 수단.
배당주·인컴형 ETF	KOSEF고배당, SCHD, HDV, TIGER미국배당귀족, KBSTAR200고배당 등	'현금흐름'을 만들어주는 자산. 매달·분기별 배당으로 생활비 일부를 보완 가능. 시장 변동 시에도 심리적 방패 역할.
시장지수형 / 성장형 주식·ETF	마이크로소프트, 애플, SOXX, 나스닥100(QQQ), S&P500(SPY), AI ETF 등	장기복리형 자산. 변동성이 높지만 인플레이션을 이기는 성장의 핵심. "길게 가져갈수록 위험은 줄고, 보상은 커진다."
대체투자 자산	금, 은, 미술품(조각투자), 와인, 리츠(REITs), 인프라펀드 등 마이크로소프트, 애플, 나	경기·물가와 역의 상관관계. 포트폴리오 변동성을 줄이는 역할. 예술·리츠는 세금, 유동성 리스크도 고려해야 함.
연금·세제형 상품	연금저축, IRP, 변액연금, 종신보험, 퇴직연금 등	절세와 장기 복리의 결합체. 세액공제 13.2~16.5% 절세효과 + 복리효과. 퇴직 전 자산을 '자동저축화' 하는 핵심 수단.

현물자산 ·부동산	개인사업, 프리랜서 수입원, 강의, 저서, 콘텐츠, 자격증	수익률 무한대 자산. 시간과 노력은 필요하지만 리스크 대비 보상이 큼. "내가 일하지 않아도 돈이 들어오는 구조"를 목표로.
자기자산 (사업·브랜드·지식)	아파트, 상가, 토지, 오피스텔, REITs, 토큰부동산	고액·저유동성 자산. 리·세금·입지 등 외부 변수의 영향을 크게 받음. 대출활용(레버리지)을 전략적으로 써야 함.

위 표를 보고 이렇게 생각할 수 있다. "이렇게 많은 걸 다 알아야 해?" 아니다. 전부 알 필요 없다. 당신에게 맞는 2~3가지만 선택하면 된다.

초보자라면 이 3가지로 시작하라

첫째, 예금·현금성 자산으로 안정성을 확보하라

CMA 또는 적금, 발행어음(증권사)을 시작 금액 월 10만 원으로 시작해 비상금을 마련하는 것이 목적이다.

둘째, 채권·채권형 ETF로 방어하라

KIS국채10년 ETF 또는 단기채를 시작 금액 월 5만 원으로 시작해 주식 하락 시 방어하는 것이 복적이다.

셋째, 시장 지수형 ETF로 장기 성장하라

S&P500(SPY) 또는 나스닥100(QQQ)을 시작 금액 월 10만 원으로 시작해 장기 성장을 목적으로 한다.

총 월 25만 원이면 시작할 수 있다.

표는 단순 메뉴판이다. 전부 먹을 필요 없다. 당신의 입맛(목표)에 맞는 것만 고르면 된다. 완벽한 조합을 찾으려고 1년을 고민하는 것보다, 불완전해도 오늘 10만 원으로 시작하는 게 낫다. 시작하면서 배우고, 배우면서 조정하고, 조정하면서 성장한다. 당신의 10만 원이 1억을 만드는 순간은, 바로 지금 시작할 때다.

당신의 10만 원은 지금 일하고 있는가

자산 매입을 시작했다면, 이제 '구조'를 키워야 한다. 구조란 자동으로 돌아가는 시스템을 말한다. 다음 질문들에 답하며 당신의 구조를 점검해 보자.

첫 번째 질문, 내 투자는 자동화되어 있는가?

"여유 있을 때 투자해야지"라고 생각한다면 문제다. "매달 자동이체로 투자 중"이 정답이다. 자동화가 안 되어 있으면, 감정에 좌우된다. 시장이 오를 때는 더 사고 싶고, 시장이 떨어질 때는 무서워서 못 산다. 자동이체로 설정하면, 감정과 무관하게 매달 투자된다.

두 번째 질문, 내 자산은 분산되어 있는가?

"주식 하나에 올인"이 아니라 "주식 50% + 채권 30% + 금 20%"가 정답이다. 한 곳에만 담으면, 그곳이 무너질 때 전부 잃는다. 분산하면, 한 곳이 무너져도 나머지가 방어한다.

세 번째 질문, 투자 목적이 명확한가?

"그냥 돈 벌려고"가 아니라 "10년 후 집 계약금 1억 만들기"처럼 구체적이어야 한다. 목적이 없으면, 중간에 흔들린다. 시장이 떨어지면 팔고, 올라도 불안해서 못 버틴다. 목적이 명확하면, 시장 상황과 무관하게 버틸 수 있다.

네 번째 질문, 매년 자산이 늘고 있는가?

"올해도 비슷한 것 같은데"가 아니라 "작년 대비 500만 원 증가"처럼 숫자로 확인해야 한다. 숫자로 확인하지 않으면, 느낌만 남는다. 1년에 한 번, 순자산을 계산하라. 순자산은 자산에서 부채를 뺀 것이다. 이 숫자가 매년 증가하면, 당신은 올바른 방향으로 가고 있다.

다섯 번째 질문, 3년 후에도 같은 방식으로 투자할 수 있는가?

"요즘 이게 뜬다니까 일단 사 봤어"가 아니라 "10년간 매달 ETF 적립식 투자 중"이어야 한다. 유행 따라 투자하면, 유행 지나면 끝이다. 10년 후에도 할 수 있는 방식을 선택하라.

구조 점검 체크리스트

- 매달 자동이체로 투자 중인가?
- 3개 이상 자산에 분산 투자하고 있는가?
- 투자 목적이 명확한가(예: 10년 후 1억)?
- 연 1회 순자산을 계산하는가?
- 감정보다 시스템을 믿는가?

이 중 0~2개를 실행 중이라면 구조가 없는 것이다. 지금 당장 만들어라. 3~4개를 실행 중이라면 구조가 생기고 있다. 조금만 더! 5개 모두 실행한다면 완벽하다. 10년 후가 기대된다.

정프로의 한마디

사람들은 돈이 없는 게 아니라, 시작이 없는 겁니다. 커피 3잔 값이면 ETF 1좌를 살 수 있어요. 투자는 돈이 많아서 하는 게 아닙니다. 당신의 10만 원이, 언젠가 1억을 만드는 시작이 될 겁니다.

Q 큰돈 모을 때까지 기다리면 뭘 잃는가?

A 시간을 잃는다. 2020년 "1,000만 원 모으고 시작"한 사람은 2024년이 되어서야 투자를 시작했다. 2020년 10만 원으로 시작한 사람은 2025년 이미 5년 차다. 1,000만 원은 나중에도 만들지만 5년 경험은 돈으로 못 산다. 기다리는 동안 자산 가격은 올랐고 기회는 지나갔다.

Q 월 10만 원이 정말 의미 있을까?

A 10만 원은 5% 적금에 월 400만 원 넘었을 때 받는 월 이자다. 1년 120만 원, 5년 600만 원이다. 더 중요한 건 감각이다. 손실 보고 수익 보며 시장이 보이기 시작한다. 10만 원으로 2년 연습한 사람이 1,000만 원 투자로 확장한다. 금액이 아니라 움직임이 부자를 만든다.

Q　자산의 종류가 너무 많은데 뭐부터 하면 될까?

A　3가지만 하면 된다. 예금 월 10만 원(비상금), 채권 ETF 월 5만 원(방어), 성장형 ETF 월 10만 원(공격). 총 25만 원이다. 완벽한 조합을 찾으려 1년 고민하지 마라. 오늘 10만 원으로 시작하고 조정하며 배워라. 표는 메뉴판이다. 전부 먹을 필요 없다.

Q　투자 구조가 있다 vs 없다?

A　5가지를 체크해라. ① 매달 자동이체로 투자하는가? ② 3개 이상 자산에 분산했는가? ③ 투자 목적이 명확한가(예: 10년 후 1억)? ④ 연 1회 순자산을 계산하는가? ⑤ 3년 후에도 같은 방식으로 투자 가능한가? 0~2개면 구조가 없다. 지금 만들어라. 3~4개면 안정. 5개면 완벽하다.

Q 5년 후 통장 1,000만 원 vs 투자 감각, 뭐가 중요한가?

A 감각이다. 1,000만 원은 나중에도 만들지만 감각은 시간과 경험으로만 생긴다. 10만 원 다루는 사람이 100만 원 다루고, 100만 원 다루는 사람이 1억 굴린다. 부자는 큰돈으로 시작하지 않는다. 적은 돈을 움직이는 법을 먼저 배운다. 지금 시작해라.

10장

지금 시작하는 당신이, 결국 이긴다

"부자와 평범한 사람의 차이는 재능이 아니다. 출발 시간이다."

'언젠가의 함정'을 아는가? 2030이 아닌 4050세대 고객들을 만나면 자주 듣는 소리가 있다.

"10년 전, 삼성전자가 O만 원대였는데…."
"그때 시작했더라면…."

이게 '언젠가'의 함정이다.

사실 그 '언젠가'는 영원히 오지 않는다. 10년 전 '언젠가'를 말한 사람은, 10년 후에도 '그때 했으면'이라고 말한다.

1년 빠르면 10년이 달라진다

투자에는 마법 같은 공식이 하나 있다. '복리'. 복리란 이자
가 이자를 낳는 구조다. 처음에는 미미하지만, 시간이 지날
수록 폭발적으로 커진다.

예를 들어 보자. 100만 원을 연 7%로 투자하면 다음과 같다.

1년 후 → 107만 원 (이자 7만 원)

10년 후 → 약 197만 원 (2배)

20년 후 → 약 387만 원 (4배)

30년 후 → 약 761만 원 (8배)

초반에는 느리다. 하지만 10년을 넘어서면 가속화되고, 20
년이 지나면 폭발한다. 왜일까? 이자에 이자가 붙기 때문이다.

작은 눈덩이가 굴러가면서 점점 커지는 것처럼, 돈도 시간

이 지날수록 기하급수적으로 불어난다. 이를 '스노우볼 효과
(Snowball Effect)'라고도 한다. 이게 바로 복리의 마법이다.

10년 차이가 2억 차이를 만든다

이제 실제 투자 예시를 보자.

A 씨는 25세에 시작했다.

월 30만 원씩 투자, 연평균 수익률 7%

35세(10년 후) → 약 5,200만 원

45세(20년 후) → 약 1억 5,600만 원

55세(30년 후) → 약 3억 6,700만 원

B 씨는 35세에 시작했다.

월 30만 원씩 투자, 연평균 수익률 7%

45세(10년 후) → 약 5,200만 원

55세(20년 후) → 약 1억 5,600만 원

둘의 차이는 2억 1,100만 원이다.

둘은 같은 금액을 투자했고, B 씨는 원금 3,600만 원을 덜 넣은 셈이다. 하지만 결과는 훨씬 차이가 크다. 10년 먼저 시작한 A 씨가 2억 원을 더 번다.

왜일까? A 씨가 초반 10년간 투자한 돈(총 3,600만 원)이 후반 20년 동안 복리로 눈덩이처럼 불어났기 때문이다. 복리는 금액이 아니라 시간을 먹고 자란다. 복리에서 가장 중요한 건 금액이 아니라 시간이다.

부자들은 이걸 알기 때문에 적은 돈이라도 일찍 시작한다. 빠른 출발이 곧 복리의 힘이다.

부의 공식 : 돈 X 시간

많은 사람이 투자를 이렇게 생각한다.

"타이밍을 잘 잡아야 돼."

"지금은 비싸니까, 떨어지면 그때 사야지."

"최저점에서 사서 최고점에 팔아야지."

하지만 부자들은 다르게 생각한다.

"타이밍을 잡지 말고, 타임에 투자하라."

이게 무슨 뜻일까?

타이밍 vs 타임

타이밍을 잡으려는 사람

"지금은 비싸, 좀 더 떨어지면 사야지" → 3개월 후 "어? 더 올랐네. 조금만 더 기다리자" → 1년 후 "너무 많이 올라서 이제 못 사겠어" → 3년 후 "그때 살 걸…."

타임에 투자하는 사람

"지금 가격이 얼마든 상관없어, 일단 시작" → 매달 같은

날 자동 매수 → 오르든 떨어지든 계속 매수 → 10년 후 평균 단가로 자산 형성 완료

타이밍을 잡으려는 사람은 평생 기회를 놓친다. 타임에 투자하는 사람은 시간이 지날수록 부자가 된다.

"지금이 가장 싸다"

사람들은 모여서 투자 애기를 할 때면 항상 이렇게 말한다.

"지금 주식은 너무 비싸"
"부동산은 이미 많이 올랐어"
"비트코인은 이제 늦었어"

하지만 10년 후를 돌아보면, 지금이 가장 싼 시기였다는 걸 깨닫는다.

시작하지 않은 모든 순간이 '가장 비싼' 순간이다. 왜냐하면 그 순간마다 '시간'을 잃었기 때문이다. 가격이 중요한 게

아니라 시작 시점이 중요하다. 타이밍은 맞히는 게 아니라 견디는 것이다.

투자의 진실을 하나 말하자면, 그 누구도 타이밍을 맞출 순 없다. 워런 버핏도, 경제학자들도 맞추지 못한다. 그래서 부자들은 타이밍을 맞추려 하지 않는다. 대신 견딘다.

한번은 이런 고객이 있었다. 2020년 코로나 폭락장에서 매달 30만 원씩 계속 샀다. 주변 사람들은 "미쳤어? 지금 더 떨어질 건데 왜 사?"라고 했지만, 그는 계속 샀다. 2021년 시장이 회복했고, 2023년 그의 자산은 200% 이상 불어났다. 그가 특별한 통찰력이 있어서? 아니다. 그는 단지 '견뎠을' 뿐이다.

시간은 가난한 사람의 유일한 무기다.

돈이 많은 사람은 '목돈'으로 자산을 산다. 하지만 우리는 목돈이 없다. 대신 우리에게는 시간이 있다. 자산을 만드는 공식은 단순하다.

돈 × 시간 = 자산

이 공식에서 돈이든, 시간이든 둘 중 하나가 '0'이라면 결과는 0이다. 하지만 적은 돈 1이라도 있다면, 시간을 늘려 결과를 올릴 수 있다.

돈 10만 원 × 시간 1년 = 120만 원

돈 10만 원 × 시간 10년 = 5,200만 원

돈 10만 원 × 시간 20년 = 1억 5,600만 원

시간이 길어질수록 결과는 폭발적으로 커진다. 그래서 시간이 우리에겐 유일하고 가장 강력한 무기다.

5분 먼저 출발하는 법

생각해 보자. 국가대표 수영선수 박태환을 당신이 수영으로 이길 수 있을까?

말도 안 되는 얘기지만, 단 하나의 방법은 있다.

"5분 먼저 출발하는 것."

같은 10년이 다른 결과를 만든다. 10년이라는 시간이 있을 때, 사람들은 두 가지로 나뉜다.

평범한 사람

1년 차: "재테크 공부 중"

2년 차: "아직 모르는 게 많아서"

3년 차: "이제 좀 알 것 같은데, 조금 더 공부하고"

5년 차: "이제 시작해 볼까… 근데 시장이 불안한데?"

10년 차: "그때 시작했으면…."

부자

1개월 차: "일단 10만 원 시작"

6개월 차: "감 좀 왔어, 월 30만 원으로 늘림"

2년 차: "손실도 보고 수익도 봄, 계속 배우는 중"

5년 차: "이제 내 스타일이 생김, 자산 5,000만 원"

10년 차: "자산 2억 5,000만 원, 경제적인 여유가 생김"

같은 10년인데, 결과가 완전히 다르다. 차이는 무엇일까? 속도다. 부자는 '완벽'을 기다리지 않는다. 그들은 '충분히 좋으면' 바로 움직인다.

평범한 사람은 공부하면서 10년을 보낸다. 부자는 시작하면서 10년간 배운다. 누가 더 많이 배울까? 당연히 시작한 사람이다.

지금 당장 5분 투자

"그래도 뭘 어떻게 시작해야 할지 모르겠어요."
시작은 생각보다 단순하다. 5분이면 충분하다.

1분 – 증권사 앱 다운로드

토스증권, 카카오페이증권, NH투자증권 등 지금 바로 앱 스토어에서 검색하라.

2분 – 비대면 계좌 개설

신분증만 있으면 2분 컷이다.

2분 – 첫 투자 상품 검색 후 매수

S&P500 ETF(SPY 또는 KODEX 미국S&P500)를 10만 원 매수 클릭하라.

총 5분. 5분이면 당신은 투자자가 된다.

부자는 운명이 아니라 선택이다

많은 사람이 이렇게 생각한다.

"부자는 타고나는 거 아니야?"
"어차피 나는 금수저도 아니고."
"재능 없으면 안 되는 거 아니야?"

아니다. 부자는 운명이 아니라 선택이다. 나는 9년 넘게 수도 없이 많은 사람을 만나 그들의 이야기를 들었다. 그 과정에서 확실히 깨달은 게 있다. 부자가 되는 사람과 안 되는 사람의 차이는 능력 차이가 아니고, 집안 배경이 아니며, 운이 아니다. 선택의 차이다.

완벽을 기다리는가, 시작을 선택하는가. 부자가 되는 사람은 다음을 선택한다.

월급이 들어오면 '먼저 저축'을 선택한다. 배달음식을 시키고 싶을 때 '집밥'을 선택한다. 편한 적금 대신 '불편한 투자'를 선택한다. 완벽할 때까지 기다리는 대신 '불완전하게 시작'을 선택한다.

매일 작은 선택들이 쌓여서, 10년 후 완전히 다른 인생을 만든다.

수학을 못해도, 경제를 몰라도 된다. 그래도 할 수 있다. 수학을 잘하는 사람이 부자가 되는 게 아니다. 그랬다면 이 세상 수학 강사, 선생님들은 모두 부자가 되어있어야 한다. 수학도, 경제도 잘 모르지만, 시작을 '선택'하고 매달 자동이체로 투자하는 '선택'을 한 삶들이 성공한다.

완벽해지려고 기다리지 마라.

'완벽에서 오는 안정감', 이건 착각이다. 완벽해지는 건 시작한 후에 온다. '완벽'을 추구하지 말고, '시작'을 선택하라. 10년을 공부만 한 사람보다, 10년간 실전에서 부딪힌 사람이 훨씬 완벽해진다.

10년 후의 당신에게

당신에게는 선택권이 있다. 오늘도 당신은 선택할 수 있다.

선택 A – 내일로 미루는 것

"조금 더 공부하고", "돈 좀 더 모으고", "나중에 여유 생기면", "완벽히 준비되면" → "그때 할 걸…."

선택 B – 오늘 시작하는 것

"일단 10만 원으로 시작", "완벽하지 않아도 괜찮아", "하면서 배우자", "지금이 가장 좋은 타이밍" → "그때 시작하길 잘

했어"

어느 쪽을 선택할 것인가?

완벽은 없다. 시장은 항상 불안하고, 돈은 항상 부족하고, 시간은 항상 없다. 부자들은 '지금'을 타이밍으로 만든다.

"최근 최고의 투자 타이밍은 남들이 전부 힘들다 했던 코로나 시국이었습니다. 두 번째로 좋은 타이밍은 '지금'입니다."

당신은 10년 후 두 가지 중 하나를 느낄 것이다.
후회: "10년 전 그때 시작했으면 지금쯤 자유로웠을 텐데"
감사: "10년 전 그때 시작하길 정말 잘했어"

10년 후의 당신이 감사할 선택을, 오늘 하라.

정프로의 한마디

"부자는 운명이 아니라 선택입니다." 월급이 적어도 자산이 쌓이는 사람이 있죠. 시작했느냐, 안 했느냐의 차이입니다. 지금 당장 10만 원으로 시작하세요. 10년 후, 당신은 오늘의 선택에 감사할 겁니다. 지금 시작하는 당신이, 결국 이깁니다.

Q 10년 전 시작했으면 하고 후회하는 이유는?

A '언젠가'를 기다렸기 때문이다. 10년 전 "언젠가 시작해야지" 한 사람은 10년 후에도 "그때 했으면…" 한다. 언젠가는 영원히 오지 않는다. 4050 고객들이 "10년 전 삼성전자가 ○만 원대였는데…" 하며 후회한다. 언젠가의 함정에서 벗어나라.

Q 복리는 언제부터 폭발하나?

A 정답은 없지만 금액이 적다면 넉넉히 10년 이후부터다. 100만 원을 연 7%로 투자하면 1년 후 107만 원(+7만 원), 10년 후 197만 원(2배), 20년 후 387만 원(4배), 30년 후 761만 원(8배)이 된다. 초반 10년은 느리다. 하지만 10년 넘으면 가속화되고 20년 넘으면 폭발한다. 왜? 이자에 이자가 붙기 때문이다. 스노우볼처럼 작은 눈덩이가 굴러가며 커진다. 시간이 길수록 기하급수적으로 불어난다. 복리는 금액이 아니라 시간을 먹고 자란다.

Q 투자에서 타이밍을 잡을 수 있을까?

A 사람들은 워런 버핏도 정확히 맞히지 못하는 타이밍을 자꾸 잡으려 한다. 물론 초심자의 행운, 또는 천운이 따라주어서 일확천금을 얻게 될 수도 있다. 하지만 길게 봤을 때, 타이밍은 맞히는 게 아니라 견디는 게 답이다.

Q 돈 없는 사람의 무기는?

A 시간이다. 돈 많은 사람은 목돈으로 자산을 산다. 우리는 목돈은 없지만 시간이 있다. 공식은 간단하다. 돈 × 시간 = 자산. 돈 10만 원 × 1년 = 120만 원, × 10년 = 5,200만 원, × 20년 = 1억 5,600만 원. 시간이 길수록 결과는 폭발적이다. 시간이 유일하고 가장 강력한 무기다.

Q 박태환을 이기는 방법은?

A 5분 먼저 출발하는 것이다. 자산 형성도 같다. 경제 박사보다 10년 먼저 시작한 고졸이 더 부자다. 재무 전문가보다 5년 먼저 투자한 초보가 자산이 더 많다. 투자는 지식 게임 아니라 시간 게임. 평범한 사람은 공부하며 10년을 보낸다. 부자는 시작하며 10년간 배운다.

Q 부자는 타고나는 건가?

A 아니다. 선택이다. 9년 넘게 수도 없이 많은 사람을 만났다. 부자가 되는 사람과 안 되는 사람 차이는 능력, 집안, 운이 아니다. 선택이다. 월급 들어오면 먼저 저축을 선택, 배달 대신 집밥을 선택, 적금 대신 투자를 선택, 완벽 기다림 대신 불완전하더라도 시작을 선택. 매일 작은 선택이 쌓여 10년 후 다른 인생을 만든다.

내 인생 두 번째 큰 지출, 보험

"보험 상담은 결국 돈 상담이다"

돈 모으기를 시작하기 전, 마지막으로 꼭 챙겨야 할 것이 있다. 바로 당신이 모은 돈을 '지키는 법'이다.

보험, 우리가 가장 싫어하는 것이지만 누구나 하나쯤은 가지고 있는 필수재다. 많은 사람이 돈을 모으고 불리는 데만 집중하지만, 정작 돈을 지키는 데는 무관심하다. 특히 '보험'은 인생에서 집 다음으로 큰 지출이지만, 제대로 아는 사람이 드물다. 9년간 수많은 고객을 만나며 깨달은 보험의 진실을 지금부터 이야기한다.

보험료는 당신의 두 번째 집

사람들은 인생에서 가장 큰 지출이 '내 집 마련'이라고 이야기한다. 맞다. 하지만 두 번째로 큰 지출이 무엇인지 아는 사람은 드물다. 결혼도 차도 아닌, '보험'이다.

월 10만 원씩 30년 납입하면 3,600만 원이고, 월 20만 원이라면 7,200만 원이다. 이건 단순히 '만약을 대비하는 돈'이 아니라, 당신의 소득 중 상당 부분이 30년간 묶이는 장기 투자다.

집과 보험, 무엇이 더 클까?

구체적으로 비교해 보자. 서울 외곽 아파트 전세 보증금이 3억이라고 가정하면, 월세로 환산하면 대략 월 100만 원 수준이다. 30년을 산다면 3억 6천만 원이다.

그런데 보험은 어떨까? 실손보험 월 5만 원, 암보험 월 10만 원, 연금보험 월 20만 원, 이렇게 가입하면 월 35만 원이다. 30년이면 1억 2,600만 원이다. 만약 4인 가족 기준 구성원 모두의 보험료를 합치면? 적어도 월 70만 원은 쉽게 넘어간다. 30년이면 2억 5,200만 원이다.

집 다음으로 큰 지출이 보험이라는 말이 과장이 아니다.

그런데 대부분의 사람은 이 돈에 대해 무관심하다.

"어차피 보험이니까."
"설계사가 알아서 잘 해줬겠지."

과연 그럴까? 집을 살 때는 어떤가? 평수를 재고, 방향을 확인하고, 교통을 살피고, 학군을 따지고, 주변 시세를 비교한다. 계약서 한 줄 한 줄 꼼꼼히 읽고, 중개사에게 수십 번 질문한다. 왜? 큰 돈이 걸려 있으니까. 그런데 보험은? 30분 상담 받고, 설계사가 보여 주는 제안서 보고, "이 정도면 괜찮네요" 하고 서명한다. 그리고 20년, 30년간 묵묵히 돈을 낸다. 내가 뭘 보장받는지도 모르는 채로….

월 보험료로 47만 원을 내는 고객이 있었다. 7년간 납입을 했고, 납입한 보험료는 약 3,900만 원이다. 그런데 최근 암 진단을 받고 보험금을 청구를 했고, 보험금 1,000만 원을 수령했다. 뭔가 이상해서 고객센터에 전화를 했고 본인이 가입한 암보험은 '일반 암' 기준 보장금액이 1,000만 원이라고 설명 들을 수 있었다. 분명 가입 당시에 담당 설계사는 암 걸리면 3,000만 원이라고 했지만 그 3,000만 원은 특정 조건에서만 받을 수 있는 최대 보장금액이었다.

그는 결국 7년간 3,900만 원을 내고, 정작 1,000만 원만 받게 되었다. 이게 바로 무관심의 대가다.

보험료는 투자다.

보험료를 '지출'로만 생각해선 안 된다. 이건 분명한 '투자'다. 미래의 위험에 투자하는 것이고, 내 자산을 지키기 위해 투자하는 것이다. 그렇다면 당연히 어디에, 얼마나, 왜 투자하는지 알아야 한다.

집을 살 때처럼 꼼꼼히 따져야 한다. 아니, 어쩌면 집보다 더 꼼꼼히 봐야 한다. 왜냐하면 집은 팔면 되지만, 보험은 중도 해지하면 손해가 크기 때문이다.

우리는 100만 원, 200만 원 하는 핸드폰에도 1만 원짜리 케이스를 씌운다. 기스나 파손을 막기 위해서다. 그런데 우리 몸의 가치는 얼마일까? 돈으로 환산할 수 없다. 그 환산할 수 없는 몸에 보호막 하나쯤은 필요하지 않을까? 보험은 바로 그 보호막이다.

보험 상담의 진실

나는 9년 넘게 보험설계사로 일하며 많은 고객을 만났다. 그리고 깨달았다. 대부분의 보험 상담은 '돈' 상담이 아니었다. 고객의 소득, 지출, 부채 상황을 묻지 않고, 단지 나이와 성별만으로 상품을 권한다.

대부분 만나면 어떤 경로로 어떻게 가입하셨냐 라고 물으면 "그냥 좋다고 추천 받은 거 좋아 보여서 가입했어요", "전화가 너무 귀찮게 와서 가입했어요", "아는 설계사인데 하나 해달라고 해서요"라는 답변이 많았다.

보험료는 왜 지금 이 보험료를 내고 계시냐 라는 질문에는 "20대 남성이니까 이 정도", "40대 여성이니까 저 정도", 또는 "모르겠어요."라고 말한다. 같은 40대여도, 월 소득 600만 원인 사람과 220만 원인 사람의 상황은 완전히 다르다. 지금 일하는 사람과 잠시 쉬는 사람도 다르다. 하지만 많은 설계사는 이걸 묻지 않는다. 그저 "이거 꼭 필요합니다. 월 8만 원이에요"라고 말할 뿐이다.

만약 설계사가 이렇게 말했다면 어떨까?

"이거 3,000만 원짜리인데 꼭 가입하셔야 합니다."

누가 선뜻 가입하겠는가? 월 납입으로 나누면 작아 보이지만, 결국 그 선택은 '수천만 원'짜리다.

누구의 장바구니를 채우고 있는가

보험은 '의료 쇼핑'이라고도 한다. 다른 의미로 마트에서 장을 보듯, 내게 필요한 보장을 골라 담는 것이다. 그런데 문제는, 대부분의 고객이 '설계사가 담은 장바구니'에 돈만 내고 있다는 것이다.

비유하자면 이렇다. 이웃 주민이 갑자기 "같이 마트 가요"라고 해서 같이 마트로 향했다. 그런데 마트에 가더니 당신을 계산대 앞에 세워 두고, 혼자 한 바퀴 돌며 자기 집에 필요한 샴푸, 세제, 저녁거리 등을 담아온다.

그리고 당신에게 말한다.

"결제하세요."

기분이 어떤가? 이게 바로 많은 고객들이 겪고 있는 상황이다. 설계사가 본인 기준으로 짜놓은 설계에, 고객은 그저 "알아서 잘 했겠지" 하며 돈만 낸다.

보험, 누구를 위한 것인가

대한민국에는 보험설계사가 약 60만 명이다. 당신 주변에도 지인이든 가족이든, 설계사 한두 명쯤은 있을 것이다.

하지만 냉정하게 생각해 보자. 그 설계사가, 내가 아파서 누워 있을 때 일 접어 두고 와서 간병해 줄 것인가? 병원비가 부족하면 대신 내줄 것인가?

아니다. 결국 나를 지키는 건, 가족도, 지인도, 설계사도 아니다. 나 자신이고, 내가 제대로 준비한 '내 보험'이다.

내 소득에 맞는 보험설계 5단계

1. 보험이 정말 필요한가?

돈이 많은 사람은 집안일을 대신해 줄 사람을 고용하고, 운전을 대신해 줄 사람을 고용할 수 있다. 하지만 그들도 대신 아파 줄 사람은 구할 수 없다. 이게 보험이 존재하는 이유다.

그렇다고 해서 모두에게 같은 수준의 보험이 필요한 건 아니다. 보험 가입 전, 스스로에게 물어라. "갑자기 큰 의료비가 생겨도 현금으로 커버 가능한가?" 만약 당장 1,000만 원 이상의 의료비가 나와도 문제없다면, 보험은 선택이다. 하지만 그렇지 않다면, 보험은 '필수'다.

설계사에게 제안서를 받았다면 내가 이 상해를 입었을 경우, 이 질병에 걸렸을 경우를 상상해 보아라. 전문가의 설명을 들으면 다 좋아 보인다. 하지만 스스로에게 질문하고 상상하다 보면, 이 특약이 진짜 필요한지, 이 보장금액이 적정한지 감이 올 것이다.

2. 남들이 다 하니까? NO

"주변 사람들 다 보험 하나씩은 있던데…", "친구가 하라고 해서…", "부모님이 하나 들어 두라고…" 이런 이유로 보험에 가입하는 사람이 생각보다 많다.

하지만 보험은 주식과 비슷하다. 내가 좋아하지 않는 기업에 투자하면 오래 못 가듯, 내가 진짜 필요해서 든 보험이 아니면 장기간 유지하기 힘들다. 3년쯤 지나면 "이거 왜 들었지?"라고 생각하다 결국 중도에 해지한다. 수년간 낸 보험료는 대부분 돌려받지 못하고 손해만 본다. 내 필요에 의한 보험 가입이 아니기 때문에, 그리고 재정상황이 어려워지면 "어떤 보험부터 깨지?"라고 생각하게 되는 것이다.

3. 보험료 = 월급의 몇 %가 적정한가?

"보험료 얼마나 내는 게 정상인가요?" 상담에서 가장 많이 받는 질문 중 하나다. 정답은 간단하다. 월급의 5~15% 사이. 20대는 월급의 5~8%, 30대는 8~10%, 40대 이상은 10~15%가 기본 원칙이다.

예를 들어 월급 300만 원이라면 10%인 30만 원 안에서 실손보험과 암보험, 운전자 보험 등을 구성하는 것이다. 당연히 다 채울 필요는 없다. 하지만 만약 보험료가 월급의 20%를 넘는다면? 과보장이거나 불필요한 특약이 많을 가능성이 크다.

이 가이드라인도 언제까지나 가이드일 뿐이고 실제 내 지출 상황, 현재 건강 상태, 병원 가는 스타일 등에 따라 바뀔 수 있다. 핵심은 '편하게 낼 수 있는 금액'이다. 보험료는 버티면서 내는 게 아니다.

4. 보험 = 장바구니, 내가 직접 담아라

보험은 설계사가 짜주는 게 아니라, 내가 선택하는 것이다. 이제부터는 당신이 직접 장바구니를 채워라.

필수 보장 (반드시 준비해야 할 것)

실손보험: 병원비 실비 보장

3대 질병: 암, 뇌, 심장 진단비

이처럼 소득 공백에 대비할 수 있는 보장이 '필수 보장'에 속한다.

선택 보장 (상황에 따라 필요한 것)

연금보험: 노후 준비용

운전자보험: 차량 운전자

상해보험: 활동량 많은 직업군

태아 · 어린이보험: 자녀 유무에 따라

재정 상태나 자녀 유무에 따른 보장을 '선택 보장'이라고 볼 수 있다.

불필요한 보장 (정리가 필요한 것)

중복 보장: 같은 보장이 여러 보험에 중복

소액 특약: 10만 원 미만의 자잘한 특약들

그 외에도 이름이 긴 특약들 (보장받기가 까다롭다.)

지금 가입된 보험을 꺼내보자. 그리고 이렇게 물어라. "이거, 내가 담은 건가? 아니면 설계사가 담은 건가?" 마트 장볼 때도 유통기한 확인하듯, 보험도 주기적으로 점검이 필요하다.

5. 암보험, 정말 그 금액이 정답인가?

"암보험은 필수입니다. 최소 5천만 원은 꼭 준비하셔야 해요." 보험 상담을 받다 보면 이런 얘기를 많이 들을 것이다. 암은 사망 원인 1위, 평생 3명 중 1명은 걸린다는 통계. 그래서 대부분의 설계사는 암보험을 '필수'라고 말한다.

하지만 나는 되묻고 싶다. "정말 누구에게나 필수인가?" 암 발병률이 3분의 1이라는 건, 반대로 말하면 3분의 2는 걸리지 않는다는 뜻이다. 물론 대비는 필요하다. 하지만 문제는 그다음이다.

설계사들이 가져오는 설계안을 보면 신기하게도 비슷하다. '암진단비 3천 · 5천 · 1억.' 마치 정답지가 있는 것처럼. 하지만 왜 2,500만 원은 안 되나? 왜 4,000만 원은 안 되는가?

이것이 소득을 묻지 않는 설계의 함정이다. 월 소득 200만 원인 사람에게 "암진단비 1억 필수"라고 하면, 월 보험료가 감당 안 되는 수준이 된다. 보험은 나에게 맞춰야 한다. 보험은 남이 아닌 내 자산을 지키는 보호막이다. 그렇다면 당연히 나에게 맞춰져야 한다.

보험 상담을 받을 때 이 질문들을 던져 보라.

"왜 이 금액인가요?"
"제 소득 기준으로 적정한 금액은요?"

"3천도 5천도 아닌 4천만 원은 안 되나요?"

안 된다면 이유를 들어라. 통계만 말하고 당신의 상황은
안 본다면 문제다. 보험 설계에는 정답지가 없다. 통계가 아
니라 당신의 소득, 당신의 상황이 정답이다.

정프로의 한마디

보험 상담은 말 그대로 상담입니다. 당신의 소득, 병원 가는 스타
일, 가족 병력을 이야기하고 그에 맞는 제안을 받는 자리입니다. 설
계사의 보험 강의가 아닙니다. 소득도 묻지 않고 "이거 필수예요"라
고만 한다면, 그건 당신의 장바구니가 아니라 설계사의 장바구니
를 채우는 겁니다.

Q 보험설계사가 내 월급을 모르는데 믿을 만한가요?

A 솔직히 말하면 믿을 수 없다. 월 소득 200만 원과 600만 원인 사람은 완전히 다른 설계가 나와야 한다. 같은 30대 여성이라도 소득이 다르면 보험료 적정선이 다르다. 그런데 대부분의 설계사가 본인의 주관적인 생각대로 설계했다가 고객이 나중에 보험료가 부담된다라고 할 때 소득에 관심을 갖게 되는 경우가 많다.

Q 내 장바구니가 아니라 설계사 장바구니를 채우고 있다는 뜻은?

A 보험은 마트 장보기와 비슷하다. 수많은 특약 중 내게 필요한 것만 골라 담는 게 정상이다. 그런데 현실은? 이웃이 "같이 마트 가요" 하더니 자기 집 샴푸·세제·저녁거리 담아와서 "결제하세요"라고 한다. 기분이 어떤가? 설계사가 본인 기준으로 짠 설계에 고객은 "알아서 잘했겠지" 하며 돈만 낸다. 내가 아플 때 나를 지키는 건 내가 준비한 내 보험이다.

Q 실손보험 하나면 충분한가?

A 아니다. 실손은 치료비만 보장한다. 만약에 암에 걸려서 6개월 동안 일을 못 한다면? 소득 공백이 발생한다. 치료비는 실손보험으로 충당한다고 쳐도 생활비는? 그래서 진단비 보험 등이 필요하다. 진단비는 생활자금이다. 일을 못 해도 생활할 수 있는 돈. 실손 + 진단비가 필수 조합이다.

Q 보험료가 월급의 20% 넘으면 왜 위험한가?

A 버티기 힘들어진다. 월 300만 원 버는데 보험료 60만 원이면 생활비와 고정지출 빼면 남는 돈이 없다. 저축도 못 한다. 미래를 대비하려고 든 보험인데 정작 미래 준비는 못 하는 모순이다. 확률이 100%가 아닌 보험에 너무 많이 쓰면 비효율적이고 결국 깬다. 적정선은 5~15%. 20대는 5~8%, 30대는 8~10%, 40대는 10~15% 수준. 편하게 낼 수 있어야 30년 버틴다.

Q   암보험 진단비 3천만 원과 5천만 원, 차이가 뭔가?

A   월 보험료 2~3만 원 차이다. 그런데 "5천만 원 필수"라고만 한다. 왜 4천만 원은 안 되고, 2천5백만 원은 안 되나? 월 200만 원 버는 사람에게 월 15만 원 보험료는 부담이다. 월 500만 원 버는 사람은 괜찮다. 소득에 맞춰야 한다. 통계가 아니라 당신 지갑이 정답이다. "제 소득에 적정한 금액은 얼마인가요?" 물어라. 답을 못 한다면 그 설계사는 당신에게 필요한 사람이 아닐 수 있다.

돈과 사랑, 그리고 당신의 선택

이 책을 처음부터 끝까지 읽은 분이라면 진심으로 감사드립니다.

혹시 지금 이 마지막 페이지부터 펼쳤더라도 괜찮습니다. 당신이 이 글을 읽고 있다는 건, 이미 돈에 대해 '생각하기 시작했다'는 것이니까요. 그 자체로 변화의 문 앞에 서 있다는 뜻입니다.

이 책은 3가지 여정을 담고 있습니다.

1부에서 우리는 돈 앞에서 흔들리는 이유를 마주했습니다. 돈은 숫자가 아니라 감정이라는 것, 그 감정을 구조로 바꾸는 법을 배웠습니다. 지출에도 품격이 있고, 저축보다 소비 통제가 먼저라는 걸 깨달았습니다.

2부에서는 부가 노력보다 구조로 흐른다는 진실을 마주했습니다. 부자는 뉴스를 반대로 읽고, 자본주의 시스템을 이해하며, 행동을 돈으로 바꾸는 재무 루틴을 만든다는 것을 알게 되었습니다.

3부에서는 드디어 움직였습니다. 월급을 설계하고, 10만 원으로 시작하는 법을 배웠으며, 지금 시작하는 사람이 결국 이긴다는 확신을 얻었습니다.

그리고 특별편에서는 내 인생 두 번째 큰 지출인 보험까지 점검했습니다. 당신은 이제 더 이상 '금융문맹'이 아닙니다. 돈의 흐름을 이해하고, 구조를 만들고, 실천할 수 있는 사람이 되었습니다.

돈을 다루는 기술보다 태도를 배우는 일

이 책에서 저는 숫자나 공식보다 '돈을 대하는 태도'에 대해 더 많이 이야기했습니다. 돈은 단순한 수단이 아니라, 우리의 감정과 습관, 그리고 철학이 비치는 거울이기 때문입니다.

그동안 수많은 사람과 상담하며 느낀 건 단 하나입니다.

"돈은 당신을 시험하는 게 아니라, 당신과 함께 걸어가야 할 친구입니다."

사랑하는 사람을 떠나보내기 싫고, 곁에 두고 싶은 것처럼 돈도 사랑하고 곁에 두려고 노력해 보세요. 내가 돈에 대한 태도를 바꾸면 돈은 나에게서 쉽게 떠나가지 않을 겁니다.

"돈을 무서워하지 마세요"

중요한 건 두려워하지 않는 것입니다. 많이 알지 않아도 괜찮습니다.

부자가 되겠다는 목표보다, '나를 지키기 위한 선택'을 지금부터 하나씩 해 보는 것. 작은 소비를 줄이고, 자동이체를 걸고, 지출을 적어보는 것부터 시작해도 좋습니다.

당신이 어떤 선택을 하든, 그 안에 '의식'과 '방향'이 있다면 그건 이미 훌륭한 재테크입니다.

10년 후의 당신

10년 후 당신은 두 가지 중 하나를 느낄 것입니다.

"그때 이 책을 읽고 시작하길 잘했어."
또는
"그때 읽기만 하고 시작하지 않은 걸 후회해."

어느 쪽이 되고 싶으신가요?

돈은 삶을 지탱하는 연료이자, 당신의 가능성을 실현시켜 줄 수단입니다. 그리고 당신은 그 돈을 쓸 '가치 있는 사람'입니다. 지금 당장 통장 하나 더 만들고, 자동이체 하나 설정하고, 10만 원으로 무엇이든 시작해 보세요. 완벽하지 않아도 괜찮습니다. 완벽해지는 건 시작한 후에 옵니다.

모든 것은 오늘의 작은 선택에서 시작됩니다.

앞서 책 본문에서 말했던 그 선택들이 모이면, 당신도 언젠가 누군가의 '부(富)럽(LOVE)'이 될 수 있습니다. 돈도 풍족하고(富), 사랑도 가득한(LOVE) 삶 말입니다.

저는 9년 넘게 여러 사람들을 만나며 확신하게 되었습니다.

부자는 특별한 사람이 아니라는 것을.

단지 오늘 시작한 사람, 돈을 아껴 준 사람, 작은 선택을 반복한 사람, 완벽하지 않아도 움직인 사람이 부자가 된다는 것을.

당신도 할 수 있습니다.

지금, 당신의 선택을 응원합니다.

정프로 드림